짱이 담기는 물건을 양기게 된다

21 LETTERS ON LIFE AND ITS CHALLENGES

삶이 던지는 질문은 언제나 같다

———— 시대의 지성 찰스 핸디가 전하는 삶의 철학

찰스 핸디 지음 | 강주헌 옮김

21
LETTERS
on LIFE and its
CHALLENGES

INFLUENTIAL
인 플 루 엔 셜

이 편지들은 나의 손주

리오와 샘, 네퓨와 스칼렛을 위해 쓴 것이다.

편지의 모음집을 그들에게 보낸다.

• 86세 할아버지가 당신 손주들을 위해 직접 쓴 편지라니! 이것만으로 이미 감동이 온다. 할아버지가 된 찰스 핸디는 왜 그토록 길고도 많은 편지를 남겼을까? 대답은 당연하다. 인생을 앞서 산 선배로서 까마득한 후배인 손주들에게 무언가를 알려주고 싶어서 그랬을 것이다.

'젊어서 알 수 있었다면! 더 늦기 전에 할 수 있었다면!' 나는 그런 것이 '신이 놓은 인생의 덫'이라고 종종 말한다. 젊은 세대는 살아온 날들이 짧기에 아는 것이 많지 않다. 뿐더러 지혜가 부족하다. 그걸 보태주기 위한 마음이 이 편지를 쓰게 했을 것이다.

할아버지의 '나는 어떻게 살았는가'가 손주들에게는 '나는 어떻게 살 것인가'에 대한 해답이 될 것이다. 이는 비단 이들 조손(祖孫) 간의 문제만은 아니다. 뒷날을 사는 모든 사람의 것이며 나같이 70대 후반을 사는 이 땅의 나이 든 사람들에게도 도움을 줄 것이라 믿는다.

나태주 시인

• 책의 차례를 보자마자 질투가 났다. 내가 더 젊었을 때 먼저 읽었다면, 그리고 이 차례로 내가 먼저 책을 냈다면 어땠을까.

'왜 우리는 아침마다 침대를 박차고 일어나야 하는가.' 첫 편지의 제목이다. 대부분 그 이유를 경제적 자유라고 답하는 요즘, 나는 마지막 편지에서 '자유의 이면은 불안정하고 그 대가는 혹독하다'라고 정의한 저자의 통찰에 깊이 공감한다.

경제적 자유는 '행복 중독'의 유사품이다. 긍정적인 감정을 느낄 때만

6

을 행복이라고 규정하면 오히려 행복해지기가 어렵다. 우울, 슬픔, 외로움, 때로 분노도 삶의 자연스러운 감정이기 때문이다. 완전한 자유와 완전한 사랑이 없듯이, 삶의 도구를 철학적 가치와 연동하여 목적으로 삼으면, 저자의 말대로 삶은 혹독하고 불안정해진다. 경제적 자유는 그 자체로 노력해야 하는 것이고, '자유'는 또 다른 차원의 수고와 훈련이 필요하다.

요즘 진료할 때 내가 가장 많이 사용하는 단어가 '팩트체크(fact check)'다. 좋은 목표라도 내가 도달할 수 없는 곳에 설정한다면, 내 인생은 내 것이 아니라 가짜가 될 수 있다. 이 책에는 노련하고 따뜻한 인생 선배의 팩트체크 노하우가 '꽉 차게' 담겨 있다. 당신이 반드시 읽어야 할 이유다.

윤대현 서울대병원 정신건강의학과 교수

• 책 속엔 매몰찬 비즈니스 세계에서 성공하기 위한 노(老)학자의 조언이 담긴 게 아니었다. 시간을 초월하는 법, 공간을 뛰어넘는 생각법이 들어 있었다. 보편적이면서도 동시에 지극히 사적인 이 서간문은 타닥타닥 땔나무가 보채는 뜨거운 벽난로 곁에서 할아버지가 손주들의 이름을 부르며 정성껏 눌러쓴 글이었다.

〈매일경제〉 한예경 기자

• 찰스 핸디가 써내려간 21통의 편지에는 그만의 개인적인 삶과 그만의 전문적인 경험이 아주 세심하고 따뜻하게 펼쳐져 있다.

〈선데이타임즈〉

• 이 책의 묘미는 다음 세대를 향한 찰스 핸디의 애정 어린 시선과 새로운 생각을 수용하는 그의 적극적인 삶의 태도에 있다. 그가 도전과 삶에 대해 쓴 21통의 편지는 결국 자신의 손주들에게 전하는 일종의 인생수업이라 할 수 있다. 경영사상가이자 뛰어난 전략가였던 그는 여전히 세 단계 앞선 생각을 우리에게 전하고 있다.

〈파이낸셜타임즈〉

• 나는 찰스 핸디가 말년에 쓴 이 책을 가히 내 인생 책으로 꼽는다. 아주 아름답게 쓰였을 뿐 아니라 마음속 깊이 와닿은 메시지들로 가득하기 때문이다. 그렇기에 이 책은 빨리 읽을 수 있더라도, 시간을 들여 찬찬히 정독하길 권한다. 책을 읽는 내내 무척 많은 생각이 일어날 것이다.

얼마 전 나는 이제 성인이 된 아들에게 이 책을 사서 보냈다. 여든여섯 해 동안 살아오며 얻게 된 지혜를 전해준 찰스 핸디에게 고마움을 표하고 싶다. 이 책이 그의 손주들을 위한 편지로 시작되었다고 하더라도, 많은 독자에게 큰 선물이 될 것이다. 찰스 핸디에게 진심으로 고맙다.

제니 대록, 아마존 독자

• 찰스 핸디는 내가 유일하게 기댈 수 있는 철학자다. 이 책을 대학 입학을 준비하는 내 딸에게 무척 설레는 마음으로 사주었다. 딸아이는 분명 흥미로운 사실들을 많이 알게 될 것이고, 또 그것들에 대해 많은 생각을 품게 될 것이다. 아이가 자신의 인생에서 중대한 선택을 내릴 때마다 찰스 핸디의 조언이 생생하게 다가오지 않을까.

마크 트레스, 아마존 독자

• 이토록 삶의 모든 문제를 다룬 책이 있을까. 그는 가히 내 인생의 구원자다. 찰스 핸디의 책은 여전히 풀리지 않는 인생의 질문들을 품고 있다.

제인, 아마존 독자

• 이 책을 한 단어로 정의하자면 "지혜"라고 할 수 있다. 저자가 수십 년간 축적해온 경험과 생각이 녹아 있기 때문이다. 젊든 나이가 들었든, 누구나 야망이 있다면 반드시 읽어야 하는 책이다. 우리가 어떻게 한 개인으로 성장해나갈지, 어떻게 환경의 변화에 적응해나갈지를 속속들이 알려준다. 그중 내가 직장생활을 시작하기 전에 알았더라면 좋았을 인사이트가 하나 있다. "학습은 배우는 것이 아니라, 여기저기에서 도움을 받아 조용히 이해되는 경험"이라는 것. 마치 이 책처럼 말이다.

DB 트레포드, 아마존 독자

삶을 되짚어 이해해보면

말해다오, 그대의 계획이 무엇인지

누구도 손대지 않은 하나뿐인

그대의 소중한 삶으로 하려는 것이 무엇인지.

미국 시인 메리 올리버Mary Oliver의 시에서 인용한 구절이다. 처음 읽은 이후로 이 구절은 끊임없이 내 머릿속을 맴돌며 나를 들볶았지만, 대단한 무언가를 하기에 나는 이미 너무 늦은 나이가 되었다. 하지만 나의 어린 손주를 비롯해 어디에서든 풍요로운 삶을 위해 고심하는 사람들에게 너무 늦은 때는 없다.

독일 철학자 아르투어 쇼펜하우어Arthur Schopenhauer는 언젠가, 우리는 앞으로 나아가며 살아야 하지만 삶은 되돌

아볼 때 비로소 이해된다고 말했다. 이제 86세로 통계적으로는 이미 죽을 나이인 나에게 남은 날이 많지는 않지만, 지난날을 되돌아보며 이해해야 할 것은 여전히 많다. 이제 나는 삶이 너무도 소중해 결코 낭비되어서는 안 되고, 그저 흘려보내는 것에 그쳐서도 안 된다는 것을 알고 있다. 하지만 그럼에도 내 미래의 삶이 문젯거리가 아니라 기회라는 걸 깨닫는 데는 상당한 시간이 걸렸다. 지금도 나는 조금 더 거칠고 과감하게 행동하며, 더 많은 위험을 감수하고, 더 많이 상상하지 못한 것을 아쉽게 생각한다. 안타깝게도 그때 나는 메리 올리버와 그녀의 송곳 같은 질문을 만나지 못했다.

나는 삶에 대한 내 생각, 또 우리가 삶에서 맞닥뜨리는 곤경에 대한 내 생각을 전함으로써 너희가 메리 올리버의 질문에 나보다 더 멋지게 대답할 수 있도록 조금이나마 돕고 싶은 마음에 이 편지들을 썼다. 지금 너희는 내가 경험한 세상과 무척 다른 세상을 살고 있지만, 너희가 삶에서 맞닥뜨리는 문제들은 내가 경험한 것과 크게 다르지 않으리라 생각한다.

다른 사람의 경험으로부터 배우는 게 쉽지는 않겠지만

과거의 반추에 기초한 내 생각을 읽으며, 너희가 행동하기 전에 잠시 멈추고 생각하는 여유와 때로는 행동한 이후에도 숙고하는 시간을 갖길 바란다. 이 편지들에는 내가 너희 나이였을 때, 즉 내가 세상에 나가 삶과 직접 부딪치며 나만의 미래를 만들어가기 전에 알았으면 좋았을 것들이 담겨 있다.

나에게는 친할아버지도 외할아버지도 없었다. 내가 태어나기 전에 두 분 모두 돌아가셨기 때문이다. 두 분이 나에게 편지를 썼다면 어떤 말을 남기셨을까?

내 외할아버지의 이름은 나와 같은 찰스였다. 내가 듣기에 그분은 활달한 유머감각을 갖춘 엔지니어였고, 아일랜드 전역의 등대를 관리하는 책임자였다. 그분이 편지를 썼다면 등대가 거기에 서 있는 이유는 너희에게 길을 밝혀주고, 너희가 바위에 부딪치기 전에 멈추게 하기 위해서라고 말씀하셨을 것이다. 이 편지는 그런 목적에서 쓰였다.

이제 등대에는 아무도 없다. 등대지기와 그 자녀들은 다른 일거리를 찾아야 했다. 내 할아버지가 지금까지 살아계신다면 빙그레 미소를 지으며 "그런 게 인생이지. 거기서 거기야. 다 똑같고, 다 다를 뿐이지"라고 말씀하셨을

것이다.

그런데 똑같은 것은 무엇이고, 다른 것은 무엇일까? 내가 편지에서 따져보려던 것이 바로 이 질문의 답이다.

차례

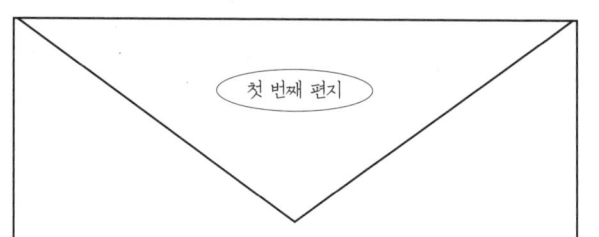

첫 번째 편지

왜 우리는 아침마다
침대를 박차고 일어나야 하는가

일하는 방식의 변화 앞에서

변화는 막을 수도 외면할 수도 없다. 하지만 달리 생각해보라.

아침마다 우리를 침대에서 일어나게 만드는 것은 무엇인가?

아무것도 변하지 않는다면, 아무 일도 하지 않는다면

삶의 의미를 어디에서 찾을 수 있을까?

최근에 나는 접시의 물기를 닦는 데 쓰는 찻수건을 선물받았다. 그 수건에는 나처럼 1940년 이전에 태어난 사람이 젊었을 때엔 몰랐을 법한 것들이 목록처럼 프린트되어 있었다. 거기에 쓰인 글을 그대로 옮겨본다.

우리는 텔레비전보다 먼저 태어났다. 또 페니실린, 소아마비 예방주사, 냉동식품, 제록스^{Xerox}, 콘택트렌즈, 비디오와 알약보다도 먼저 태어났다. 우리가 태어난 후에야 레이다, 신용카드, 핵분열, 레이저 광선, 볼펜이 생겨났다. 식기세척기, 회전식 건조기, 전기담요, 에어컨디셔너, 다림질이 필요 없는 옷도 우리보다 나중에 생겨났다. …… 또 우리는 인간이 달에서 걷기 전에 태어났다.

우리는 먼저 결혼하고, 그러고 나서 함께 살았다(지금은 이런 순서를 이상하다고 생각하겠지?). 우리는 '패스트푸드'를 사순절에나 먹는 것이고, '빅맥'(최초로 방수 비옷을 개발한 찰스 매킨토시가 자신의 성을 따서 내놓은 '맥코트'의 별칭-옮긴이)은 특대형 비옷이라 생각했다. 우리가 젊었을 때는 가사를 전담하는 전업 남편이나 컴퓨터 중매라는 것은 없었고, 버스 정류장에 비바람을 피할 만한 가림막 역시 없었다.

우리는 어린이집, 자활 꿈터, 일회용 기저귀가 등장하기 전에 태어났다. FM 라디오, 인공 심장, 워드 프로세서에 대해 들어본 적도 없었다. 물론 젊은 남자가 귀고리를 한다는 건 상상조차 하지 못했다. 우리에게 '타임 셰어링time sharing'은 함께하는 단란함을 뜻했고, '칩chip'은 나무 부스러기나 감자튀김을 뜻했다. '하드웨어'는 볼트와 너트를 뜻했고, '소프트웨어'라는 단어는 존재하지도 않았다.

1940년 이전에 'Go all the way'는 버스를 타고 종점까지 가는 걸 뜻했고, 흡연이 유행했다. '코크coke'는 석탄에서 얻은 연료였고, '조인트joint'는 고깃덩이였으며, '팟pot'은 요리할 때 사용하는 냄비였다. 또 '게이 퍼슨gay person'은 파

티장에서 가장 재밌는 사람이었고, '에이즈aids'는 곤경에 빠진 사람을 돕는 행위를 뜻했을 뿐이다. 너희가 세상이 어떻게 바뀌었는지에 대해 생각할 때 세대 차이가 나는 것은 당연하다.

지금은 상상조차 하지 못하겠지만, 내가 열 살이 될 때까지 우리 가족은 수돗물도 없고 전기도 없는 집에서 살았다. 우리는 등잔과 양초로 주변을 밝혔고, 요란한 디젤 엔진으로 정원의 우물에서 물을 퍼올렸다. 중앙난방은 없었고, 건전지로 작동하는 라디오만 있었다. 물론 텔레비전도 없었다. 아버지에게는 출퇴근용 자동차가 있었지만, 우리는 자전거나 조랑말을 타고 주변을 돌아다녔다. 그렇다고 우리집이 가난한 것은 아니었다. 아버지는 아일랜드 시골 마을의 교구 목사였다. 1930년대 그러니까 제2차 세계대전이 발발하기 이전에는 대부분이 그렇게 살았다.

전기 기사가 우리집 정원의 나무 꼭대기에 원시적인 풍력 발전용 터빈을 설치하려고 왔던 날이 지금도 생생히 떠오른다. 풍력 터빈은 벽장 안에 설치된 큼직한 배터리들을 충전시켰고, 덕분에 우리는 어둠을 밝히기에 충분한 빛을

얻을 수 있었다. 책을 읽을 정도로 밝지는 않았지만, 밤이면 어둠 속에 살던 우리에게 그 빛은 작은 마법이었다. 그로부터 5년 후, 각 가정에 전기가 연결되더니 모든 것이 달라졌다.

아버지가 당시로부터 10년 전에 결혼 선물로 받은 전기 토스터를 꺼낼 때의 표정이 지금도 내 기억에 뚜렷하다. 아버지는 처음으로 토스터를 켰고, 당연하게도 빵을 까맣게 태웠다. 그날 아침 아버지가 그랬던 것처럼 탄 토스트 냄새가 사람의 얼굴에 미소를 짓게 했다는 걸 누가 상상이라도 할 수 있었겠는가?

⁂

기술은 우리의 삶을 바꿔놓았다. 물론 지금도 그렇고 앞으로도 그럴 것이다. 문제는 우리 삶이 실제로 바뀔 때까지 기술이 삶을 '어떻게' 변화시킬지 알아낼 방법이 없다는 것이다. 인터넷은 엄청난 발명이었다. 그러나 인터넷이 페이스북과 구글로 이어지리라고는 누구도 알지 못했다.

새로운 기술이 우리의 일상으로 다가오는 데는 대체로

첫 번째 편지

30년이 걸린다.

이 글을 쓰는 지금 가장 흥미롭게 시선을 끄는 새 기술은 바로 자율주행 전기차다. 전기차는 새로운 종류의 자동차에 그치지 않고, 다양한 변화들을 끌어낼 것이다. 가령 휘발유와 경유에서 더 이상 세금을 걷지 못하면 도로를 건설하고 보수하는 돈을 어떻게 마련해야 할까? 전기차에 동력을 공급할 충분한 전기가 있을까?

자율주행차에 아이들을 학교까지 데려가 달라고 명령어를 입력한다고 해도 비밀번호만 알면 재조정할 수 있는데, 어떻게 아이들이 그런 행동을 하지 못하게 막을 수 있을까? 자율주행차가 사람과의 충돌을 피하는 걸 우선순위에 둔다고 하더라도, 아이들이 장난삼아 활개치며 그 앞을 걸어다니면 도로가 정체에 빠지지 않을까? 이 같은 수많은 의문이 떠오르지만 한 가지는 분명하다. 의도하지 않은 결과가 필연적으로 닥칠 거라는 것이다.

그때쯤이면 인공지능Artificial Intelligence, AI이 완전히 자리를 잡을 것이다. 인공지능으로 일자리가 없어질까, 아니면 일자리가 개선되고 업무에 도움을 받을까? 둘 모두일 가능성이 크다. 인공지능의 도움으로 의사들은 훨씬 많은 정보

를 바탕으로 진단을 내릴 것이다. 의사가 인공지능으로 대체되지는 않겠지만 실질적으로는 보조자에 불과하게 될 것이다. 운전으로 생계를 꾸리는 사람들은 일자리를 잃거나, 함대 항해사처럼 여러 대의 대형 트럭이나 승합차로 구성된 수송대를 지휘하게 될 것이다. 결국 인공지능이 모든 운송 수단을 조종하게 되고, 인간은 차량을 조작하는 인공지능의 개인 보좌관Individual Assistant, IA이 될 것이다. 너희 세대의 AI에는 많은 'IA'가 따라붙을 것이다.

비서는 이미 보좌관의 지위로 격상되고 있지만, 사실상 그들과 동일한 역할을 하는 AI로 점차 대체될 것이다. 물론 그것 또한 어떤 식으로든 지휘를 받겠지만 말이다. 슈퍼마켓의 셀프 계산대는 계산을 보조하는 원시적인 형태의 기계일 수 있지만, 나처럼 그런 기계를 다루는 데 어리숙한 사람을 돕기 위해 근처에 항상 보조원이 서 있지 않던가. 우리가 자동화된 세계를 헤쳐 나가는 걸 도우려고, 그런 곳에 우두커니 서서 기다리는 사람이 더욱더 많아질 것이라는 얘기다.

인공지능이 우리가 일하고 살아가는 방식을 바꿔놓을 것은 분명하다. 자체적으로 먹거리를 주문하는 냉장고부

터 우리의 건강을 모니터링해 처방을 갱신하는 손목시계까지, 이런저런 종류의 알고리즘이 우리를 대신해 삶에서 점점 더 많은 부분을 꾸려갈 것이다.

나는 이런 알고리즘이 두렵다. 우리는 누가 어떤 목적으로 알고리즘을 만드는지 모른다. 예컨대 저가 항공사는 알고리즘을 통해 좌석 선택을 위한 비용을 추가로 지불하지 않은 가족을 뿔뿔이 흩어놓을 수 있다. 미국 법정은 알고리즘으로 형량을 결정한다. 일부 변호사가 알고리즘에 인종 편견의 흔적이 발견된다고 주장하지만, 알고리즘을 만드는 전문가들과 기업들은 지적 재산권을 운운하며 자신들이 사용하는 공식을 공개하길 거부한다. 알고리즘은 우리 삶을 보이지 않게 통제하는 수단이 될 수 있다.

너희가 원하든 원하지 않든 간에 기술은 우리 삶을 변화시킬 것이고, 그런 변화를 외면하고 싶어도 외면할 수 없을 것이다. 나는 지금까지 살아오면서 거대한 기술의 변화를 직접 목격해왔다. 그런 삶에서 내가 얻은 교훈이라면, 그 변화를 차분히 맞이하라는 것이다. 나를 비롯해 우리 세대가 그랬듯이, 또 내 할아버지 시대의 등대지기들도 해냈듯이 너희도 어떤 변화든 충분히 극복할 수 있다.

변화를 외면할 수 없다면 차분히 맞이하라.
내가 그랬고, 또 내 할아버지 시대의 등대지기들도 해냈듯이
너희도 어떤 변화든 차분히 극복할 수 있다.

인간의 역할은 3C─창작자Creatives, 간병인Carers, 관리인 Custodians─에 국한될 것이란 예측이 있다. 창작가로 성공하면 누구보다 즐겁고, 가장 많은 돈을 벌 것이다. 간병인에는 어려움에 처한 이들을 돌보는 사람만이 아니라 상점과 학교, 교도소와 병원 등 너희가 생각할 수 있는 모든 곳에서 시중 드는 사람까지 포함되기 때문에 그 수가 가장 많을 것이다.

내가 관리인이라 칭한 범주에는 결속력을 유지하려고 애쓰는 사람들이 포함된다. 행정부에서 일하는 공무원이 대표적인 예다. 이들을 비롯해 어떤 조직에서든 여전히 관리자가 계획을 세우고, 누가 무엇을 언제 할 것인지 결정할 것이다. 심지어 자율주행차에도 어디로 가야 하는지 지시할 사람이 필요하지 않겠는가. 그렇기에 앞으로도 많은 일자리가 있을 것이고, 어쩌면 예전보다 훨씬 더 많아질지도 모른다. 하지만 다른 형태의 일자리일 것이다.

물론 미래의 세계가 어떤 모습일지 자세히 알 수 없다. 누구도 정확히는 모른다. 내가 말할 수 있는 것은 실질적

으로 많은 점에서 다른 세계일 것이라는 게 전부다. 변화는 어느 시대에나 있었다. 너희가 변화의 물결에 올라타면 흥미롭고 신나겠지만 그렇지 않으면 힘들고 버거울 것이다.

로마인들은 일찌감치 그런 사실을 깨달았던지 "시대는 변하고 그와 함께 우리도 변한다"라고 말했다. 더 멀리 거슬러 올라가면 그리스 철학자 헤라클레이토스Heraclitus of Ephesus는 "모든 것은 흐르기 때문에" 누구도 같은 강물에 두 번 들어갈 수 없다고 말했다. 내친김에 과거의 지혜를 하나 더 듣고 싶다면, 이탈리아 작가 주세페 토마시 디 람페두사Giuseppe Tomasi di Lampedusa가 격동기의 시칠리아를 배경으로 쓴 소설《표범》을 보자. 등장인물 중 한 명인 탄크레디는 삼촌 살리나의 군주에게 "많은 것이 그대로이기를 바라면 많은 것이 변해야만 할 것"이라 말했다. 누군가 말했듯이 "현상 유지는 성공의 길이 될 수 없다"는 것이다. 탄크레디의 말을 오늘날에 대입하면 어떻게 해석할 수 있을까?

우리가 삶에서 어떤 의미를 찾으려 할 때 반드시 그대로 유지해야 할 것은 '노동', 그것도 유급 노동이다. 너그러운 억만장자 자선가가 기본 소득을 평생 보장하더라도, 우

리에게는 아침마다 우리를 침대에서 일어나게 만드는 유의미한 활동이 여전히 필요할 것이다. 아무것도 하지 않는 것은 소중한 삶을 헛되이 낭비하는 짓이다. 내가 다른 편지에서 돈은 필요한 만큼 충분히 있으면 된다고 주장하겠지만 최소한의 기본 소득으로는 누구도 오랫동안 만족하지 못할 것이다. 물론 작은 기본 소득에도 감사해야 한다고 말하는 이도 있다. 하지만 나는 내가 땀 흘려 일한 대가를 처음 받았던 순간과 그때의 짜릿한 기분을 죽을 때까지 잊지 못할 것이다.

그러나 노동이 행해지는 방법은 크게 변할 것이다. 이것이 탄크레디의 요점이다. 노동이 계속되려면 노동의 형태가 달라져야 한다. 내가 일하던 시절에는 대부분의 노동이 병원과 학교, 탄광과 제철소, 크고 작은 온갖 형태의 기업, 행정 조직과 군대에서 제공되었다. 사회는 기관들로 복잡하게 짜여진 망이었고, 사람들에게 삶은 조직 생활의 연속이었다. 각 조직은 다음 단계의 조직에 들어가기 위한 준비 단계였다. 조직들은 직업을 제공했고, 직업은 어떻게든 평생 동안 유지되는 것으로 생각되었다. 그리고 그 후에는 연금이 뒤따랐고, 그 연금은 주로 고용주가 부담했다.

나는 다국적 석유회사 셸^{Shell Oil Co.}에 입사했다. 셸은 내가 62세까지 근무할 것이라 판단했고, 여러 국가에서 일할 수 있는 다양한 고위 직책을 소개하며 내가 앞으로 밟게 될 이력들을 대략적으로 알려주었다. 흥미진진해 보였다. 그러나 오랜 시간이 지난 후, 셸의 계획에 있던 기업들 중 상당수가 사라졌으며, 심지어 적잖은 국가가 당시와 이름이 달라졌다는 걸 알게 되었다. 세상이 너무도 빨리 변하고 있었다.

이제 영국에서 공무원 조직을 제외하면 어떤 조직도 평생 직장을 보장하지 않는다. 게다가 요즘 기업의 평균 수명은 16년에 불과하다. 이럴진대 어떻게 기업이 평생 직장을 제공할 수 있겠는가? 공무원 세계에서도 마찬가지다. 이제 어떤 부서도 업무에 관련된 모든 사람을 고용하지 않는다.

내가 오래전에 쓴 책에서 말했듯이, 조직은 점차 세 개의 잎이 전체를 이루는 클로버의 형태를 닮아갈 것이다. 첫 번째 잎은 핵심 직원이고, 두 번째 잎은 하청업체, 마지막 세 번째 잎은 정규직으로 고용하면 비용이 많이 들고 굳이 그럴 필요가 없는 개인 전문가 혹은 프리랜서 노동자

다. 차츰 많은 업무가 두 번째와 세 번째 잎으로 이전될 것이다. 그렇게 하는 게 비용이 덜 들기도 하거니와 두 번째와 세 번째는 조직원으로 대우할 필요도, 연금 부담도 없기 때문이다. 실제로 이런 변화는 점점 가속화되고 있고, 그 정도가 너무 심하다고 말하는 사람도 적지 않다.

요컨대 안정된 직장이 더는 존재하지 않는다는 뜻이다. 셸에도 이제는 너희를 대신해 다음 단계를 계획하고, 승진에 필요한 훈련을 제안하며, 장래의 이력을 관리해주는 사람이 없다. 너희는 고용된 상태에 있더라도 새로운 일자리가 나오면 그 자리에 지원해야 할 것이다. 50세를 넘기면 일자리를 구하기가 한층 더 어려워질 것이다. 이런 이유에서 나는 '포트폴리오 라이프portfolio life'라는 것이 너희 세대에게 최상의 대안이 될 거라고 꾸준히 제안해왔다.

내가 말하는 '포트폴리오 라이프'는 작은 일자리들, 보다 구체적으로 보수를 받는 일자리들과 무보수임에도 유익한 일자리들의 집합체를 뜻한다. 포트폴리오 라이프는 이미 너희와 같은 젊은 세대에게 고려할 만한 삶으로 받아들여지기 시작했다. 대기업의 통제된 분위기를 좋아하지 않는 젊은 세대가 밖에서 자신의 운을 시험해보기로

결정하기 시작한 것이다. 일반적으로 그들은 금전적 위험을 무릅쓰고라도 독자적인 포트폴리오 라이프를 영위하는 삶을 가치 있게 생각한다.

그 결과 이 편지를 쓰는 지금, 영국에는 그 어느 때보다 많은 사람이 일하고 있다. 그런데도 소득세 징수액은 줄어들어 정치인들은 어리둥절해한다. 하지만 그들이 놀랄 것은 없다. 노동 시장에 새로 진입한 무수히 많은 근로자가 너무도 돈을 적게 벌기 때문에 세금을 내지 않을 뿐이다. 내가 확신하는 한 가지가 있다면, 모든 것이 순조로울 때 너희는 아주 오래 살 것이고 언젠가는 혼자가 되겠지만, 그때도 계속 일을 하려면 포트폴리오 라이프가 해답이라는 것이다. 나는 너희가 그렇게 살기를 바란다.

탄크레디의 말은 옳았다. 늘 그래왔듯이 예전보다 많은 사람이 돈을 벌려고 일하지만, 그 방법은 완전히 달라지고 있다. 힘들고 단조로운 수많은 일을 기계가 대신하고 있기에 그 방법은 너희 생애 중 훨씬 더 크게 달라질 것이 분명하다. 그러나 생산적인 일을 하려는 인간의 욕구는 사라지지 않을 것이기에, 일은 여전히 우리 삶의 중심에 있을 것이다.

인간의 조건은
시대가 바뀌어도 변하지 않는다

톨스토이를 읽어야 하는 이유

삶이 던지는 문제에 대처하려면

사람에 대한 이해가 필요하다.

다행히 기술 혁명은 들불처럼 일어나도 사람은 변하지 않는다.

위대한 고전과 역사를 읽어라.

변하지 않는 지혜는 그 속에 있다.

내가 첫 번째 편지에서 말했던 것과 달리, 사실 우리 삶에는 변하지 않는 부분들도 있다. 많은 점에서 보면 오히려 그 부분들이 더 중요하다. 한번 생각해보자. 이 글을 쓰는 지금 런던에서는 셰익스피어의 비극《맥베스》를 독자적으로 해석한 세 편의 작품과, 같은 이름의 오페라 한 편이 공연되고 있다. 작년에는 아이스킬로스의《오레스테이아》가 런던에서 공연되었고, 관객들로 꽉 들어찬 극장에서 뜨거운 찬사를 받았다. 셰익스피어는 엘리자베스 1세 시대에 비극을 썼고, 아이스킬로스는 기원전 500년경에 그리스에서 비극을 썼다.

톨스토이, 찰스 디킨스, 제인 오스틴, 토머스 하디의 소설들도 끊임없이 텔레비전 드라마로 각색되어 왔다. 150년 전에 조지 엘리엇^{George Eliot}이 쓴《미들마치》를 역대 최고의

영국 소설이라 평가하는 사람도 여전히 많다. 나는 이미 오래전에 쓰였지만 지금도 다양한 언어로 유의미하게 읽히는 소설과 희곡을 얼마든지 더 나열할 수 있다.

그 이유가 무엇일까? 이 작품들은 잘 쓰인 데다 무대나 스크린에서 멋지게 공연되기도 하지만, 그 작품들에서 다루어진 주제가 오늘날 여전히 우리의 관심사라는 점을 넘어 그 이상의 의미를 전하고 있기 때문이다. 내 생각이 맞다면 그 작품들은 결코 변하지 않는 것, 예컨대 사람들이 서로 관계를 맺고 공감하는 법, 삶에 대해 느끼고 생각하는 법을 다루고 있다.

두 명 이상이 모이면 많은 경우에 즐겁고 멋있는 일이 생기지만, 항상 그런 것은 아니다. 아담과 이브의 시대 이후 사람들은 서로 사랑하고 미워했고, 서로 치고받으며 싸웠으며, 함께 축하하며 웃었다. 과학기술이 발달하고 정치적 격변이 있었지만, 인간이 처한 그러한 상황은 수천 년 동안 변하지 않았다. 그런 격변 자체가 인간이고, 또 그들의 작품이 되었다.

선한 의도를 가지고 행한 일이 간혹 잘못되는 경우가 있더라도, 우리는 자기 자신 이외에는 비난하거나 감사할 사

람이 없다. 수많은 전쟁, 심지어 금세기와 지난 세기의 전쟁도 여느 것과 마찬가지로 특정한 개인의 권력욕과 야망이 주된 원인이었다. 알렉산더 대왕이나 히틀러가 주변 나라를 점령하고 통치해야 할 논리적이고 뚜렷한 이유는 없었다. 국내에도 그들이 해결해야 할 과제는 많았다.

다른 차원에서 생각해보면, 대기업이 규모를 키우며 상대적으로 작은 기업들을 휩쓸어버려야 할 경제적인 이유 역시 전혀 없다. 기업의 성장을 책임진 경영자는 선의라고 생각할 수 있겠지만, 이 모든 것은 경영자 개인의 야심에서 비롯된다. 이른바 기업의 수장이 평생 써도 남을 수백만 달러의 연봉을 계속 기대하는 이유가 무엇이겠는가? 무언가를 이루어냈다는 값비싼 증명서로 성공의 흔적을 남기겠다는 야망이 아니면 달리 무엇일 수 있겠는가?

긍정적인 면에서 보면 모두가 처음부터 그런 야심을 품는 것은 아니다. 팀 버너스 리$^{Tim Berners-Lee}$는 월드와이드웹을 고안하고 개발했지만 세상에 무상으로 내놓았다. 그가 발명한 월드와이드웹이 결국 세상을 바꿨지만, 그가 처음부터 그런 식으로 세상을 바꾸려 했던 것은 아니다. 그는 자신이 종사하는 분야의 연구자들끼리 소통을 원활하

게 하고 업무 효율을 높이고 싶었을 뿐, 돈을 벌거나 명성을 얻으려는 욕심은 없었다. 마크 저커버그Mark Zuckerberg와 그의 대학 룸메이트들도 페이스북을 개발했을 때 그것이 결국에는 수많은 사람의 삶에 영향을 미치고, 개인적으로 수십억 달러의 재산을 축적하게 될 것이라고는 상상조차 하지 못했다.

이들을 포함한 많은 기업가는 무언가 다르거나 더 나은 것을 만들려는 창조적 충동에 따라 움직인다. 부자가 되거나 유명해지는 건 주된 동기가 아니었다. 그들도 적잖은 사람들이 예부터 해왔던 것을 행했을 뿐이었다. 다만 그들은 무엇인가를 개선하려고 혹은 더 나은 아이디어를 떠올리려고 작은 변화를 추구했다.

아인슈타인이 원자폭탄을 생각하며 상대성이란 개념을 제시했던 것은 아니다. 아인슈타인은 어려운 문제를 풀려고 전력을 다하는 과정에서 상대성 이론을 떠올렸을 뿐이다. 예술가는 그림을 그리거나 작곡하고, 혹은 나처럼 글을 쓴다. 그 주된 이유는 그림이나 음악 혹은 글의 형태로 새로운 것을 창작하고 싶은 욕망에 사로잡혔기 때문이다. 예술가가 공리주의적인 동기, 예컨대 오직 돈 때문에 창작

한다면 제대로 된 창작품을 만들 수 없을 것이다. 돈과 명성이 최종적인 결과일 수 있지만, 원초적인 목적이어서는 안 된다.

※

혁신가와 기업가를 자극하는 것들이 무엇인지 나는 항상 궁금했고 관심을 가지고 연구했다. 이제는 알지만, 그무엇도 새로운 것은 없다. 단지 상황이 바뀔 뿐이다. 15세기 피렌체의 금융 가문 메디치가를 자극한 것은 21세기 스코틀랜드 왕립은행이 꿈꾸는 세계 최대 은행이란 야심과 다르지 않았고, 결국 모두 지나치게 탐욕을 부리다가 실패하는 동일한 결과를 맞이했다. 세상이 변하는 동안에도 사람은 변하지 않았다. 기술 혁명이 들불처럼 일어나는 동안에도 우리 삶의 근원적인 의문은 똑같았다.

무엇이 정의로운 것인가? 무엇이 공정한 것인가? 누가어떤 이득을 얻는가? 그(그녀)는 나를 사랑하는가? 나는어떤 사람을 신뢰할 수 있는가? 진정한 친구는 누구인가? 나(우리)는 잘못을 용서해야 하는가, 아니면 잊어야 하는

기술 혁명이 들불처럼 일어나는 동안에도

우리 삶의 근원적인 의문은 똑같았다.

무엇이 정의로운 것인가? 무엇이 공정한 것인가?

누가 어떤 이득을 얻는가? 나는 어떤 사람을 신뢰할 수 있는가?

가? 나는 그(그녀)보다 더 착한가? 더 강한가? 더 성공했는가? 가족 사이에도 이런 의문들이 표면화되지 않고 조용히 묻혀 있지만 결국에는 곪아 터진다. 공동의 유산을 지닌 가족 사이에도 이럴진대 생면부지들이 모인 조직에서 이런 의문들이 제기될 가능성은 얼마나 되겠는가?

나는 자주 은둔자가 되고 싶다고 생각한다. 사람들과 담을 쌓고, 그들이 가져오는 복잡한 문제들을 잊은 채 살고 싶다. 그러나 은둔자의 길을 선택하면, 그들이 나에게 안겨주는 애정과 위안도 포기해야 한다. 외로움은 노년의 질병이고, 약으로도 치유되지 않는다. 타인의 존재는 삶에 반드시 필요하다. 너희도 좋아하는 사람이든 그렇지 않은 사람이든 다른 사람들과 어울려 사는 법을 알아야 한다.

더욱이 위에서 나열한 의문들이 너희 삶에서 불쑥 야기될 때 반드시 기억해야 할 것은, 너희도 그렇지만 의문 자체도 특별한 것이 아니라는 사실이다. 어떤 의문이든 이전에도 수많은 사람으로부터 수없이 제기되었던 것이다. 역사와 위대한 문학이 존재하는 이유가 여기에 있다. 그것들을 찾아 읽고 연구하면 그 의문들의 답을 자신 있게 구할

수 있다. 위대한 소설과 위대한 인물의 전기는 인간에 대한 최고의 길잡이다.

※

조직의 운영 방식과 습관이라는 주제로 첫 책을 쓸 때 나는 내가 탐구하려는 아이디어와 개념을 설명할 사례들을 찾아내야 했다. 인터넷 시대가 도래하기 훨씬 전이었기 때문에 미국에서 발간된 교재들과 연구 논문들로 자동차 트렁크를 가득 채우고, 남프랑스의 한 농가에 들어가 두문불출하며 연구에 몰두했다. 당시에는 책과 논문이 내가 가진 전부였다. 그런데 오래지 않아 논문 대부분이 연구자의 논점을 설명하려고 대학원생들의 도움을 받아 시행한 실험에 근거하고 있다는 걸 깨달았다. 게다가 내가 보기에 그 실험들은 현실과 거의 관계가 없었다.

하지만 운 좋게도 그 농가에는 러시아 소설 전집을 충실히 갖춘 커다란 서재가 있었다. 그리고 나는 톨스토이가 어떤 연구 논문보다 조직 생활 문제에 대해 더 많은 것을 말하고 있다는 것을 알게 되었다. 그 책, 즉 내가 쓴 첫 책

은 세계적인 베스트셀러가 되었는데, 문학에서 인용한 이야기들이 생명을 불어 넣어준 덕분이었다.

나는 너희 세대가 당연시하는 기술의 도움을 받지 못한 채 생애 대부분을 보냈다. 새로운 기술은 삶을 더 쉽고 편하게 해주고 아니 해줄 수 있지만, 삶이 우리 앞에 던지는 문제를 원만하게 대처하려면 무엇보다 인간에 대한 이해가 있어야 한다. 그래도 좋은 소식은 있다. 인간은 시공을 막론하고 똑같다는 것이다. 똑같은 충동과 욕망, 똑같은 좌절, 똑같은 변덕과 매력을 어느 시대에나 가져왔다. 그러니 너희가 그것들을 재창조해낼 필요가 없다. 내가 그랬듯이 톨스토이와 도스토옙스키를 읽기만 하면 그 대부분을 알 수 있다.

이런 이유에서 나는 더 많은 정치인이 역사를 읽었다면 이라크나 아프가니스탄을 침략해 외국의 독재자를 실각시키려 하지 않았을 것이라고 종종 생각한다. 역사에는 우리가 위험을 각오하면서도 무시하는 교훈이 담겨 있다.

개인적인 차원에서 나만의 원칙이 있다면 "너희 판단이 틀렸다는 게 입증될 때까지 상대가 최선을 다할 것이라고 생각하라"는 것이다. 이 원칙을 따른 까닭에 나는 적잖게 잘

못된 길에 빠지기도 했지만, 경이로운 경험도 할 수 있었다. 이와 같은 이유로 나는 냉전 협상에서의 오랜 원칙도 좋아한다. "믿어라. 그러나 검증하라!" 너희도 이 원칙을 시도해보면 좋겠다.

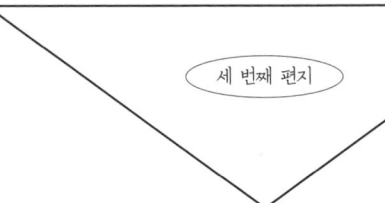
세 번째 편지

누구나 혼자 힘으로
자기 신념을 만들어야 한다

철학자가 되어 삶을 꾸리는 법

삶이란 무엇에 관한 것인가?

이 문제의 답을 종교에서 찾을 수 있는가?

아리스토텔레스, 공자와 같은 철학자에서 찾을 수 있는가?

살아갈 이유와 방법을 어디에서 찾을 것인가?

너희가 시간을 내서 이 편지를 읽을 때면 정말 그렇게 해준다면, 오랫동안 이어진 정규 교육을 끝내고 사회로 나갈 때가 가까워졌다는 뜻일 것이다. 그때 너희가 나와 같다면 이런 의문을 품기 시작할 것이다. 어떻게 여기까지 온 거지? 지금 나는 무엇을 할 자격이 있는가? 혹은 더 근본적으로 파고들어, 도대체 삶이란 게 뭐지? 내가 이곳에 존재하는 이유는 무엇인가? 너희가 나와 같다면 아니 우리 세대 대부분과 같다면, 삶을 살아가는 내내 이 의문들이 끊임없이 되살아나겠지만, 여하튼 어디로 가야 하는지도 모른 채 삶의 여정을 시작해야 할 것이다.

물론 너희가 질적으로 괜찮은 교육을 받았다면 중·고등학교나 대학교처럼 사회와 격리된 세계를 떠나기 전에 이

런 의문들에 답할 수 있어야 한다. 그러나 안타깝게도 이런 의문들은 핵심 교과 과정에 포함되어 있지 않다. 진로 교육 상담사가 있더라도 그럭저럭 재능을 발휘하며 밥벌이를 할 수 있는 곳에 너희를 끼워 맞추기 급급할 뿐이다. 결국 그마저도 근원적인 문제들에 대해 극히 일부만 답해줄 것이다.

너희는 또 이런 의문을 품을 것이다. 내가 왜 지금 철학자가 되어야 하지? 나한테 지금 필요한 것은 일자리와 돈인데. 맞아, 그런데 어떻게 일자리를 구하지? 왜 꼭 일을 해야 할까? 이런 의문들이 끊임없이 마음속에서 꿈틀댈 것이고, 결국 그 문제들과 씨름하게 될 것이다.

대학을 졸업할 때쯤 나에게는 두 가지 생각밖에 없었다. 다시는 교회에 가지 않겠다는 것과 절대 가난하게 살지 않겠다는 것. 그러나 오래 지나지 않아 이 같은 부정적인 결심들은 삶의 기반으로서 충분하지 않다는 걸 깨달았다. 곧 나는 스스로에게 이렇게 묻기 시작했다. 우리는 왜 여기에 있는가? 우리는 단지 (흔히 계획되지 않은) 임신의 결과물이고 정자와 난자의 우연한 결합물에 불과한가? 그렇다면 우리에게는 어떤 일에 대해서도, 누구에게도 아

무런 책임이 없는 걸까? 우리는 채소밭의 양배추나 정원에 핀 백합, 즉 우연히 그곳에 있게 된 것들과 무엇이 다를까? 아니면 인간으로서 우리는 무언가 다른 존재일까?

다른 점이 있다면 우리에게는 의식이 있다는 사실일 것이다. 무수히 많은 종이 존재하지만 우리만이 유일하게 자신의 존재를 의식한다. 우리만이 의식적으로 미래를 선택할수 있고, 개념적으로 생각하며 어떤 상황과 사태의 이유를 알아낼 수 있다. 그런데 이런 차이는 우리에게 삶에서 무언가를 해야 한다는 특별한 책임을 부여하는 것일까, 아니면이 또한 우리에게 다른 짐을 주는 것에 불과한 것일까?

꽃

어쩌면 너희는 믿음이 깊어 우리가 창조해낸 것에서 하느님의 신비로운 손길을 보는지도 모르겠다. 만약 그렇다면, 하느님이 너희에게 바라는 기대가 무엇인지 알아낼 수있다면, 너희는 그 기대에 부응하며 살아야 할 의무가 있다. 물론 다른 종교도 이에 대한 지침과 반드시 지켜야 할계명을 줄 것이다. 그 지침은 삶의 법칙과 목적을 제시하

기 때문에 독실한 신자에게는 무척 유익하다. 지침을 인정하고 받아들이면 온갖 의혹과 불안이 사라지기 때문이다. 하지만 그것 또한 절대적인 '가정'에 불과하다. 그 지침을 인정하려면, 하느님이 만물의 중심에 있다는 본래의 출발점을 받아들여야 하니 말이다.

물론 이러한 믿음의 첫 단계를 부정하면서도 진정한 신앙인처럼 종교가 제시하는 법칙을 기꺼이 인정하며 받아들이는 사람도 적지 않다. 그들은 어려운 결정에 직면할 때까지는 어중간한 삶을 그럭저럭 유지한 채 살아간다. 하지만 정말 곤란한 문제에 부딪칠 때에는 하느님이 만물의 중심에 있다는 기본적인 전제에 대한 믿음이 없기 때문에, 하느님의 법칙을 지키려는 의지가 약해진다. 내 생각에는 대부분이 입밖으로 말하지는 않지만, 이런 어중간한 믿음으로 살아가는 듯하다.

모든 주요 종교에는 "다른 사람이 너에게 베풀기를 원하는 것을 너도 베풀라"라는 황금률을 필두로, 행동의 기본 원칙에 대해 공유한 합의가 있다. 서구인 대부분은 기독교의 기본 원칙을 따르면서도 자신을 기독교인이라 자칭하지 않는다. 기본적인 전제를 믿지 않기 때문이다. 그

예로 영국은 여전히 기독교 국가로 여겨지지만, 전체 국민의 2퍼센트만이 규칙적으로 교회에 나간다.

너희는 다른 길, 예컨대 진화론을 택할 수도 있다. 스스로를 오래전에 시작된 유전자 경로의 일부로 여기고, 자신에게 주어진 유일한 필수 과제가 유전자를 다음 세대에 전해주는 것이라 말할 수 있을 것이다. 그렇다면 살아남아 후손을 남기는 것만으로 충분하다. 진화는 목표를 향한 진보가 아니다. 진화는 후손과 그 이후의 세대까지 유전자가 살아남을 더 좋은 기회를 확보하기 위해 주변 세계에 적응하는 것이다.

이렇게 진화론적 관점으로 생각하면 더 원대한 목적을 추구하려는 욕망의 덫에서 해방된다. 이때 너희의 주된 의무는 가능한 한 건강하게 오래 사는 것, 그리고 너희 유전자가 세월의 시험을 견뎌낼 만큼 만족스럽다고 판단되는 경우에 후손을 남기는 것이다. 그 밖의 다른 의무는 없다. 내 직감에는 많은 사람이 진화론까지 염두에 두지는 않아도 이렇게 생각하는 듯하다.

하지만 이런 생각은 무척 위험하다. 만일 모든 사람이 인류의 유일한 의무가 진화 과정을 유지하는 것이라고 생

각하게 되면, 사회는 방향 감각과 명확한 원칙을 상실할 것이다. 이런 이유에서 종교가 필요하다. 종교는 삶의 목표를 규정하고, 그 목표에 충실한 삶을 살아가는 방법을 제시함으로써 우리에게 사회를 통제하는 하나의 형태를 알려준다. 그런데 이제 많은 사회에서 종교가 쇠퇴하며, 방향이 없는 진화 상태로 전락할 상황에 놓였다. 만일 그렇게 되면 사회는 더 위험천만해질 것이고, 그 때문에 '삶이란 무엇에 관한 것인가?'라는 질문이 더욱더 중요해질 것이다.

이 질문에 제대로 대답하려면 진화론에서 실존주의로 넘어가야 한다. 장 폴 사르트르Jean-Paul Sartre 같은 철학자들에 의해 널리 알려진 실존주의는 자신만의 가치를 만들고, 삶에서 고유한 의미를 찾아가는 책임이 우리 각자에게 있다고 주장한다. 그 이유는 우리가 인간이기 때문이다. "실존은 본질에 앞선다." 이는 실존주의 철학자들의 신조로, 우리는 각자 고유하고 다른 개체이기 때문에 삶을 살아갈 이유와 방법을 혼자 결정할 수 있다는 뜻이다. 이런 해석은 솔깃하지만, 따지고 보면 냉혹한 의견이다. 사회의 모든 규칙과 독선으로부터 해방시켜주기 때문에 솔깃하게 들린다.

너희가 자유로운 자아가 된다는 얘기다. 하지만 이것은 결국 너희가 누구이고, 너희 삶에서 가장 중요한 가치가 무엇인지를 혼자 알아내야 한다는 냉혹한 의미도 지닌다.

사르트르는 "인간에게는 의미가 필요하다. 하지만 누구나 혼자 힘으로 자기만의 의미를 만들어내야 한다"라고 말했다. 얼핏, 사르트르의 말이 이기심의 다른 표현으로 들릴 수 있다. 특히 "너희가 스스로 결정하는 것이 무엇이든 모두에게 논리적으로 적용해야 한다"라고 말한 독일 철학자 이마누엘 칸트Immanuel Kant에게 동의하지 않는 사람이라면 말이다. 칸트는 이를 정언 명령(행위의 형식, 목적, 결과에는 관계없이 무조건 지켜야 할 도덕적 명령-옮긴이)이라 칭했다.

나는 정언 명령을 약간 탄력적으로 '올바른 이기심proper selfishness'이라 칭하는데, 실존주의를 수정 해석한 것이다. 너희가 자신의 욕구와 욕망을 추구하는 것은 마땅하고 올바른 것이다. 다른 사람들에게 유익한 존재가 되기 전에 너희 자신에게 만족할 수 있어야 하기 때문이다. 물론 너희가 자신의 즐거움에만 몰두한다면 주변 사람이나 동물에게 아무 쓸모도 없을 것이고, 결국에는 자신의 행동에 어

떤 자부심도 느끼지 못할 것이다. 한편 너희가 먼저 자신에게 투자하지 않는다면, 그런 경우에도 주변 사람이나 동물에게 아무런 쓸모가 없을 것이다. 달리 말하면, '이웃을 자신처럼 사랑하라'는 얘기다.

내가 깨달은 바에 따르면, 진정한 만족감은 너희에게 영향을 받는 사람들이 만족하는 모습을 보는 데서 비롯된다. 우리는 유전자에 이타심을 갖고 태어난 듯하다. 관용은 우리의 생득적 자질이다. 그렇기에 관용을 억누른다면 비인간적인 행위가 될 것이다. 윈스턴 처칠Winston Churchill도 "우리는 얻은 것으로 생계를 꾸리고, 주는 것으로 삶을 만들어간다"라고 말했다.

꽃

실존주의로 삶을 꾸리는 방법이 너무 어렵게 들린다면, 기원전 6세기 중국 철학자 공자의 가르침을 대안으로 삼을 수 있다. 공자는 어떤 신도 믿지 않았고, 그리스도가 탄생하기 500년 전에 글을 쓰고 가르친 철학자였다. 공자는 이렇게 말했다.

진정한 만족감은

너희에게 영향을 받는 사람들이

만족하는 모습을 보는 데서 비롯된다.

너희가 능히 세상을 살며 다섯 가지를 실천할 수 있다면 인간답다고 말할 수 있으리라. 공손함과 관대함, 신의와 명민함, 그리고 은혜로움이 그것이다. 공손하면 업신여김을 당하지 않고, 관대하면 많은 사람의 마음을 얻으며, 신의가 있으면 사람들이 신임하게 되고, 명민하면 공을 이룰 수 있으며, 은혜를 베풀면 사람들을 부릴 수 있느니라.

그런데 이러한 공자의 가르침은 훌륭한 삶의 지표가 될 수 있지만, 정작 우리에게 '무엇을 위해 살아야 하는가'에 대해서는 말해주지 않는다.

그렇다면 미국의 자연주의 철학자이자 시인인 랠프 월도 에머슨Ralph Waldo Emerson에게 눈을 돌려보면 어떨까. 그는 올바른 삶을 다음과 같이 정의했다.

자주 그리고 많이 웃는 것,
현명한 사람들에게 존경을 받고
아이들에게서 사랑을 받는 것,
정직한 비평가의 찬사를 듣고
거짓된 친구의 배반을 참아내는 것,

아름다움을 식별할 줄 알며

다른 사람의 좋은 점을 찾아내는 것,

건강한 아이를 낳든

한 뙈기의 정원을 가꾸든

사회 환경을 개선하든

세상을 조금이라도 살기 좋은 곳으로 만드는 것,

그대가 살았다는 이유로

한 사람이라도 더 쉽게 호흡하는 것,

이것이 진정한 성공이다.

많은 점에서 나는 이 시에 공감한다. 그러나 내가 보기에 이는 우리에게 주어진 단 하나의 소중한 삶에서 우리가 해낼 수 있는 최소한의 것만을 말하고 있다. 우리는 이보다 더 많은 것을 해낼 수 있고, 그렇게 해야 한다.

마지막으로 나는 아리스토텔레스에게로 눈을 돌렸다. 그의 사상은 2,500년이란 시험을 견뎌내지 않았던가. 아리스토텔레스는 누구보다 야심차게 올바른 삶의 의미를 그려냈다. 그는 우리가 일상에서 미덕을 최우선으로 추구하고, 그런 후에 '에우다이모니아cudaimonia'라는 것을 추구

해야 한다고 믿었다. 에우다이모니아는 정의하기 까다로운 개념이다. 엄밀하게 말하면, '안녕'이나 '행복'을 뜻한다. 그러나 이는 수동적인 행복이나 나태한 즐거움을 뜻하지 않는다. 행복과 즐거움은 전혀 다른 것으로 둘을 혼동해서는 안 된다. 아리스토텔레스의 사상에서 행복은 상대적으로 적극적인 것이고, 자기 실현$^{self-fulfillment}$에 더 가깝다. 아리스토텔레스는 삶이 즐거움의 추구에 그쳐서는 안 된다고 믿었다.

그의 철학은 "너희가 가장 잘하는 것에 최선을 다하라!"라고 요약될 수 있다. 말은 쉽지만, 그렇게 하고 있다고 확신하기가 쉽지 않다. 너희가 가장 잘하는 것이 무엇인가? 지금 너희는 그것에 최선을 다하고 있는가? 여기에 더해 실천하기 어려운 문제가 하나 더 남아 있다. 아리스토텔레스는 우리에게 어진 사람이 되어야 한다고도 역설했다. 그의 표현을 빌리면, 우리는 '덕스런^{virtuous}' 사람이 되어야 한다.

너희는 컴퓨터 귀재일 수 있다. 하지만 그렇다고 너희가 그 능력을 활용해서 내 은행 계좌를 몰래 해킹할 수 있다는 걸 뜻하지는 않는다. 다음 편지에서도 다루겠지만, 아

리스토텔레스는 미덕이 무엇인지에 대해 상당히 정확히 규정해주었다. 그의 논지는 우리가 사회적 동물이기에 혼자 살 수 없다는 것이다. 우리 행동은 필연적으로 다른 사람에 영향을 미친다. 이것도 '올바른 이기심'의 한 형태다.

✿

나는 지금까지 살아오면서 앞에서 말한 온갖 단계를 모두 거쳤다. 교구 목사관에서 태어나 하느님이 나를 위해 어떤 목적을 마련해두었다는 말을 귀가 따갑게 들었고, 그렇게 믿으며 자랐다. 또 내가 하느님을 진실로 믿고 그분의 법칙을 따르면, 하느님이 나를 위해 마련한 목적을 발견할 수 있을 것이란 말도 귀에 딱지가 앉도록 들었다. 하지만 나는 10대 후반에 그 믿음을 버렸다. 그러고는 대학 졸업을 앞두고서야 내가 무엇을 하며 살아야 하는지를 전혀 모른다는 사실을 깨달았다.

나는 대학에서 고전학과 철학을 전공했지만, 그렇다고 어떤 일이든 할 수 있는 자격을 얻은 것은 아니었다. 나는 자립해서 삶을 즐기기에 충분한 돈을 벌고 싶었다. 그래서

이기적이고 실존적인 길을 선택했다. 수년 동안 나는 즐겁게 살았고 상당한 돈을 벌었지만, 이기적으로 즐거움만 추구하는 생활에 금세 시들해졌다. 내가 다국적 기업이라 불리는 거대한 기계의 작은 톱니바퀴 하나에 불과하다는 사실을 깨달았기 때문이다. 어떤 사람이든 내 일을 해낼 수 있었다. 나는 남들에게 쓸모 있는 존재이면서도, 나 자신을 좀 더 자유롭게 표현하는 길을 찾고 싶었다.

그때 나는 아리스토텔레스에게로 되돌아갔다. 이제 나는 우리 모두에게 '황금 씨앗golden seed'이란 것이 있다고 굳게 믿는다. 황금 씨앗은 특별한 재능이나 능력, 또는 적성을 뜻한다. 만일 너희 혹은 너희와 가까운 누군가가 그것을 찾아낸다면, 그 후 적절히 비료를 주어 건강하게 자라게 한다면, 결국 너희는 너희가 가장 잘하는 분야에서 최고가 될 수 있을 것이다. 또 그렇게 하면서도 어질고 정직한 인품을 유지한다면 목적의식에 충만하고 성취감을 만끽하는 삶을 누릴 수 있을 것이고, 아리스토텔레스주의자가 될 수 있을 것이다.

나는 대학을 졸업한 후에도 내 황금 씨앗이 무엇인지 전혀 몰랐다. 그러나 첫 직장에 근무하려고 동남아시아로

떠나기 전 어머니에게 작별 인사를 했을 때, 내가 선택한 직업을 마뜩잖게 생각하시던 어머니는 "걱정말거라. 이 모든 게 너의 책을 위한 좋은 재료가 될 거다"라고 말씀하셨다. 나는 어리둥절해서 대답했다. "어머니, 책이라니요? 저는 석유회사 간부가 될 거예요. 책을 쓸 시간은 없을 거예요." 어머니는 "그래, 알겠다"라고 말했다. 하지만 너희도 알겠지만, 어머니들이 "천만에, 두고 보면 알 거다"라고 말하는 투와 똑같았다.

정말로 15년 후에 나는 셸을 퇴사했고, 첫 책을 출간했다. 때때로 어머니들은 황금 씨앗을 기막히게 알아본다. 물론 교사들도 제자들의 황금 씨앗을 정확히 알아보는 편이다. 너희가 대부代父와 자주 접촉한다면 대부도 그 역할을 해낼 수 있다.

내가 지금까지 발간한 책들이 많은 사람에게 도움을 주었는지는 내가 판단할 몫이 아니다. 그러나 나는 책을 쓸 때마다 다른 사람들에게 도움을 주는 것을 최소한의 목표로 삼았고, 내가 아는 범위에서 어진 삶을 상징하는 최상의 지표인 랠프 월도 에머슨과 공자의 가르침을 따르려고 애썼다. 하지만 개인적으로는 '훌륭한 아리스토텔레스

주의자'라는 평가를 받았을 때 무엇보다 기뻤다. 이제 본
격적으로 삶의 여정에 오른 너희도 그런 평가를 받는다면
정말 좋겠다.

네 인생을 구원하는 것은
오직 너 자신뿐이다

아리스토텔레스의 행복론

다양한 가치가 혼재된 사회일수록

내면의 '덕성'을 찾아내 올바른 기준으로 활용해야 한다.

종교가 그 방향을 제시하는 힘을 잃어간다면,

무엇으로 내 안에 내재되어 있는 덕성을 찾아야 하는가?

하느님의 존재를 믿는가? 다른 신이나 그와 유사한 것이 존재한다고 믿는가? 이 질문은 너희 자신만이 대답할 수 있는 개인적인 질문 중 하나다. 누구도 우리의 이해 범위를 넘어서는 것에 대해 무엇을 믿으라고 말할 수 없다. 이해 범위를 넘어서는 것은 신앙의 문제일 뿐이고, 신앙은 이성으로 따질 대상이 아니다. 실제로 신앙은 이성으로 설명되지 않는 곳에서 시작된다. 이러한 신앙을 근거로 편안한 의혹을 품은 채 살았던 내 삶의 여정을 들어 보면 너희의 삶에 도움이 될 것이다.

영국 작가 줄리언 반스Julian Barnes는 "나는 하느님을 믿지 않는다. 하지만 신이 그립다"라고 말했다.

나는 반스가 어떤 의도로 그렇게 말했는지 알고 있다. 나는 교구 목사관에서 어린 시절을 보냈다. 하느님은 항상

우리 가족의 삶에 있었다. 우리에게 하느님은 신약 성경의 온유하고 자상한 분이었지, 구약 성경의 복수하는 무서운 분이 아니었다. 가끔 못마땅해할지라도 나를 지켜봐주는 존재가 있다고 생각하면 어느 정도 마음이 놓였다. 하지만 이성의 목소리가 나에게 그런 생각은 그럴듯한 공상에 불과하다고 말하면, 나는 세상에 덩그러니 혼자 남겨진 것처럼 무엇이 옳고 무엇이 그른지를 스스로 알아낼 수밖에 없다는 외로움을 느꼈다.

나는 종교의 과시적인 면, 예컨대 엄숙한 의식, 음악과 그림, 건축물 등도 상당히 좋아했다. 그래서 신앙심이 없어도 겉치레를 유지할 수 있겠다고 판단했고, 나 자신을 문화적 기독교인cultural Christian이라 칭하기 시작했다. 그리고 나는 진정으로 신성하게 보이는 곳, 선한 사람들이 먼 옛날부터 기도하며 그들의 선량함을 흔적으로 남겨놓은 듯한 예배당들이 있다는 걸 알게 되었다. 나는 간혹 일요일 저녁이면 훌륭한 성가대가 노래하는 성당이나 교회를 찾아가 저녁 예배에 참석한다. 그럼 묵상하며 생각을 정리하는 데 큰 도움을 받는다.

그렇다면 나는 사기꾼일까? 물론 그렇게 생각하지 않는

다. 나는 종교와 신성함이 다르다고 생각한다. 너희는 신성함이 없는 종교는 있을 수 없다고 생각할지 모르겠다. 하지만 나는 신성함을 찾아보기 힘든 많은 종교 행사에 참석했었고, 오히려 종교와 아무런 관계가 없는 행사에서 신성함과 하느님의 존재를 실감나게 경험할 때가 많았다. 요즘에는 많은 사람이 영적이지만 종교적이지 않은 존재에 대해 말한다. 내 생각에는 그들이 나와 똑같은 걸 말하고 있는 듯하다. 최근 유행하는 '마음챙김mindfulness'도 일종의 내면 평화를 추구하는 방법이니 말이다.

∿

한때 불가지론적 감성과 기독교 신앙을 융합할 방법을 모색하던 나는 하느님이 인간이 되었다는 성육신 이론을 나름대로 재해석했다. 구체적으로 말하면, '신성'이 무엇이든 간에 우리 안에 존재하며 발견되고 일하게 되기를 기다린다는 뜻으로 해석했다. 이런 해석은 퀘이커교Quakers의 믿음과 다르지 않다. 언젠가 나는 BBC 방송사로부터 라디오 방송을 통해 내 삶을 돌이켜보는 기회를 갖지 않겠느

냐는 제안을 받았다. 그 방송에는 '하느님을 찾아서'라는 꽤 장엄한 제목이 붙여졌다.

첫 회에서 나는 그 여정이 무익한 탐구 과정이 될 거라고 규정하며, 그 이유를 하느님이 존재하기 때문이라고 설명했다. 하지만 내 여정은 이탈리아 토스카나 남부의 아름다운 수도원 예배당에서 끝맺었다. 나밖에 아무도 없는 그곳에서 나는 신성한 고요함을 온몸으로 체감했다. 분명히 느꼈지만 언어로는 표현할 수 없는 느낌이었다. 그래서 '신성'이 어딘가에 있다면 적어도 그때 그곳에 있던 나에게는 있었고, 방송에서도 그렇게 말했다. 나보다 더 나은 자아에 더없이 진실해진 기분이 들었기 때문이다. 그해 나는 램버스궁Lambeth Palace(잉글랜드 성공회 캔터베리 대주교의 런던에 위치한 관저-옮긴이)으로부터 최고의 종교 프로그램이란 상을 받았다. '의심스러운 신학에도 불구하고'라는 평가가 더해졌지만!

너희는 어린 시절의 나처럼 기독교적 믿음에 혼란을 겪지 않을 것이라 생각한다. 하지만 그럼에도 너희가 따분하고 세속적인 것을 넘어서는 존재, 즉 우리 안에 내재하는 최상의 것을 끌어내는 영적이고 신비로운 존재가 정말 실

네 번째 편지

재하느냐에 대해 전혀 의문을 품지 않더라도 나는 놀라지 않을 것이다. 하지만 나에게 이런 의문은 기도 제목이 되어, 지금 내가 내 안의 충만한 존재와 함께하고 있는가를 묻게 된다.

켄터키 출신의 농부 시인 웬들 베리^Wendell Berry는 그의 시 한 편의 끝부분에 기도의 목적을 이렇게 정리했다.

그리고 우리는 기도한다,

새 땅이나 새 하늘을 간구하기 위해서가 아니라

고요한 마음과 맑은 눈을 달라고.

우리에게 필요한 것은 이곳이다.

물론 종교에는 도덕적인 지침과 계명을 통해 사회 질서를 유지하는 또 다른 역할이 있다. 모세가 하느님을 거론하며 십계명을 가장 먼저 주장한 사람은 아니었다. 세속의 세계가 직면한 문제는, 하느님처럼 도덕적인 권위체가 보편적으로 인정되지 않으면 어떤 일이 일어나겠느냐는 것이다. 물론 법이 있지만 합법적으로 행동하는 데는 한계가 있다. 법은 너희가 할 수 있는 것과 할 수 없는 것을 규정

하지만, 반드시 해야 하는 것을 말해주지 않는다. 그 부분은 윤리의 영역이다.

좋은 사회는 인간관계에서 무엇이 옳고 정당한가에 대해 공통된 이해가 있는 사회일 것이다. 서구 세계에서는 아직도 기독교 사상이 강한 영향력을 행사하기에 옳고 그름에 대한 어떤 합의를 이끌어내지만, 너희가 속한 새로운 세대는 각자 자신만의 기준을 세우기 시작했다. 게다가 그 기준은 소셜 미디어를 통해 확산되는 데다, 집단마다 다른 가치와 우선순위를 주장하고 있어 다양성과 상대주의가 발전할 수 있다.

다만 우리가 신앙인이든 아니든 간에 기독교는 우리가 영위해온 문화 유산에 크게 기여했다. 그렇기에 우리(너희)가 기독교를 무시하는 것 또한 큰 실수라 할 수 있다. 피렌체에 사는 한 친구는 언젠가 젊은 미국 여성 두 명이 르네상스 시대의 예술품이 전시된 우피치 미술관을 나오며 나누는 대화를 우연히 엿들었다며, 한 여성이 "눈치챘어? 엄마와 아기가 함께 있는 그림들에서 아기는 항상 남자인걸!" 하고 투덜댔다고 나에게 말해주었다. 기독교 역사에 대한 그들의 이해에서 결여된 부분을 내가 굳이 여기에 지

적할 필요는 없기를 바란다. 기독교 역사에 대한 올바른 이해 없이, 그들은 그날 피렌체에서 보았던 것들 중 무엇을 제대로 이해할 수 있었겠는가.

다양한 가치가 혼재하는 유동적인 사회가 잉태되면, 각 개인은 충성심을 유도하는 어떤 집단이나 무리의 가치를 추종하지 않고, 자기만의 도덕적 기준을 세우는 것을 더 중요하게 여긴다. 여기에서도 나는 다시 아리스토텔레스에게 돌아가고 싶다. 아리스토텔레스는 두 가지 종류의 중요한 미덕이 있다고 생각했는데, 지적인 미덕intellectual virtue과 도덕적 미덕moral virtue이 그것이다. 지적인 미덕은 유전과 교육으로 획득되고, 도덕적인 미덕은 높은 수준의 덕성을 지닌 사람, 대체로 부모의 행실과 습관을 모방하는 과정을 통해 얻어진다.

하지만 여기서 더 나아가 아리스토텔레스는 최고의 미덕은 무엇보다 지적인 관조intellectual contemplation라고 했다. 물론 지적인 관조에 대한 그의 주장에는 약간의 편향성이

있지만, 내 생각에 그는 어진 사람과 어진 삶이 무엇인지 '스스로 알아내는 것'이 우리의 가장 큰 의무라고 말하고 싶었던 듯하다.

아리스토텔레스의 생각에 따르면 우리 모두는 철학자가 되어야 한다. 내 생각도 그렇다. 철학적 의문에 대한 학습은 아주 어린 나이에 시작해도 상관없고, 모두가 받는 기초 교육의 일부가 되어야 마땅하다는 게 내 생각이다. 어린아이는 선천적으로 호기심이 많고 무엇이든 알고 싶어 한다. 이런 궁금증은 철학적 탐구에 반드시 필요한 출발점이다. 아리스토텔레스는 다시 열두 가지 부수적인 미덕을 열거했다.

① 용기: 옳다고 생각하는 것을 적극적으로 지켜려는 자신감과 의지
② 절제: 자기 통제와 자기 억제
③ 후함: 친절과 자선과 너그러움
④ 기품: 광휘, 삶의 환희
⑤ 자부심: 성취감
⑥ 명예: 존중, 공경, 예찬
⑦ 온유함: 차분함, 신중함

⑧ 친목: 쾌활함과 사교성

⑨ 진실성: 정직함, 솔직함, 순수함

⑩ 위트: 유머 감각

⑪ 우애: 동료애와 우의

⑫ 정의: 불편부당과 공정함

아리스토텔레스는 지나치지도 않고 모자라지도 않는 중용中庸을 중시하며, 이 미덕의 목록에도 중용을 적용했다. 용기가 지나치면 오만이 되고, 용기가 너무 부족하면 두려움에 시달린다. 자부심이 지나치면 허세가 되고, 자부심이 너무 없으면 자기 비하가 된다.

아리스토텔레스가 제시한 미덕의 목록에 우리는 보편적 계명, 즉 "다른 사람이 너를 대하기를 바라듯이 다른 사람들을 대하라"는 황금률이나 "다른 사람이 너희에게 행하지 않기를 바라는 짓은 너희도 다른 사람에게 행하지 말라"는 공자의 가르침을 덧붙일 수 있을 것이다. 물론 너희에게 좋다고 생각되는 것은 다른 사람 모두에게도 좋은 것으로 여겨져야 마땅하다는 이마누엘 칸트의 정언 명령도 추가하고, 최대 다수의 최대 행복이 도덕적 행동의 기

준이 되어야 한다는 공리주의 철학까지 더하는 등 이 모든 것을 불러모아 너희가 생각하는 윤리적 행동 기준을 스스로 세워볼 수 있다.

누구도 행동하기 전에는 위에서 나열한 모든 미덕을 실제로 경험하지는 못할 것이다. 하지만 때로는 아리스토텔레스의 목록을 기준으로 너희의 도덕성을 점수로 매기고 싶을 수 있다. 그중 많은 미덕이 요즘에는 감성 지능emotional intellengence이란 새로운 개념에 통합되었다.

감성 지능은 중요한 사회성 역량으로 평가되지만, 나는 이 역시 일종의 미덕, 즉 우리가 교양인에게 기대하는 행동의 하나로 분류하고 싶다. 영국 시인 존 던John Donne이 말했듯이 아리스토텔레스도 "누구도 혼자 고립된 섬이 아니다"라고 주장했다. 우리는 모두 문명 사회의 구성원이므로, 문명화되어야 한다. 우리는 연장자, 바라건대 본받을 만한 연장자를 모방함으로써 대부분의 미덕을 배운다는 아리스토텔레스의 생각을 기억하는 게 더 중요하다. 너희가 부모로서 연장자가 될 때를 대비해 꼭 유념하기를 바란다.

하지만 무엇보다 최고의 미덕은 지적인 관조를 실천하

는 것이다. 삶은 계획되고 실행되는 것이어야 한다. 이런 이유에서 아리스토텔레스는 '에우다이모니아', 즉 미덕을 통한 자기 실현을 강조했던 것이고, 내 해석으로 풀이해 "너희가 가장 잘하는 것에 최선을 다하라!"라고 말했던 것이다.

꽃

너희가 가장 잘하는 것이 무엇인지는 궁극적으로 너희만이 알겠지만, 내가 다른 편지에서 말했듯이 다른 사람이 너희 자신보다 너희를 더 잘 알 수 있는 경우도 비일비재하다. 따라서 너희의 특별한 재능, 혹은 내가 황금 씨앗이라 칭한 것을 찾아내려고 애쓰고, 너희 스스로 그 능력을 개발하도록 돕는 것이 부모와 교사, 그리고 상관의 책무 중 하나라고 생각한다. 교육은 너희에게 지식을 주입하는 데 그치지 않고 너희에게 잠재된 능력을 끌어내는 것이 되어야 한다.

나는 이 편지를 하느님으로 시작했지만 너희로 끝맺었다. 나는 하느님과 너희가 똑같은 존재라고 생각한다. 하느

님^{God}은 너희 안에 내재한 '선한 존재^{Goodness}'를 짧게 말한 것이다. 신학적으로 접근하면, 성육신 이론에 따라 하느님은 인간이 되었다. 과거에 종교는 우리가 우리 내면에 내재한 선한 존재를 찾아내어 올바로 활용하도록 돕는 방법이었다. 그런데 종교가 계급화되고 관료화되면서 원래의 방향을 상실해갔다. 이제 우리는 혼자 힘으로 그 일을 해내야 한다. 그 평생의 과제를 너희가 잘해내길 바랄 따름이다.

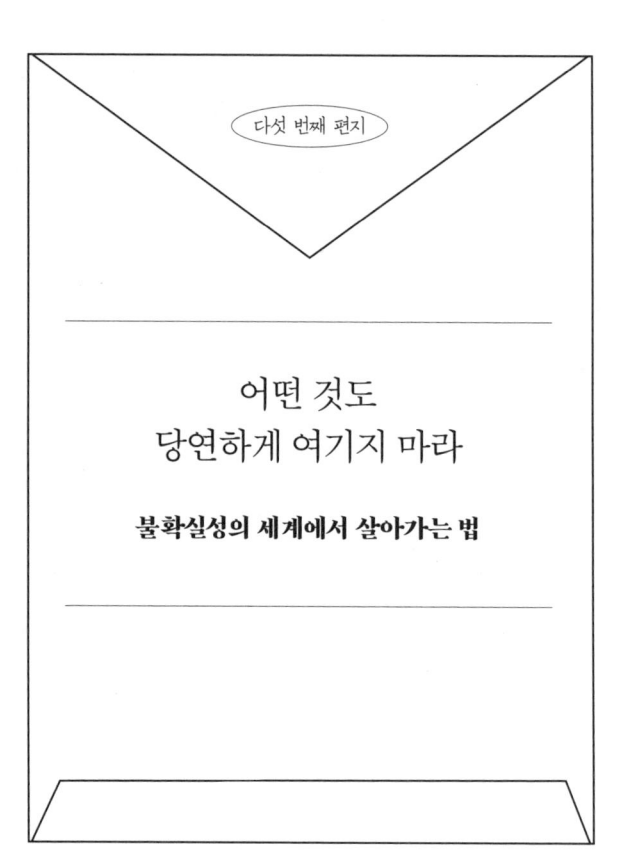

다섯 번째 편지

어떤 것도
당연하게 여기지 마라

불확실성의 세계에서 살아가는 법

모든 것이 변해가는 불확실성의 시대에는

책도, 사람도, 인터넷도 정답을 제시하지 못한다.

그들도 틀릴 수 있다.

나는 확실성의 세계에서 자랐다. 부모님이 세상에 대해 누구보다 잘 알고, 그것이 당연하다고 믿었다. 착한 아이들은 듣고 배운 대로 행동했다. 부모님은 모르는 게 없이 모든 질문의 답을 알았다. 내 질문에 대한 답이 "세상사가 그런 거야"였던 경우에도 마찬가지였다. 사실을 이해하기에는 내가 너무 어리거나, 부모님이 너무 바빠서 자세히 설명할 여유가 없기 때문에 그렇게 대답하는 것이라 생각했다. 오랜 시간이 지난 뒤에야 나는 어른들이 "나도 모르겠다"를 흔히 그런 식으로 말한다는 걸 깨달았다.

학교에 입학한 후에도 똑같았다. 선생님들은 모든 답을 알았다. 물론 선생님들에게 참고서가 있는 게 도움이 되었을 것이다. 교사용 교과서의 뒤쪽에는 해답이 있었지만 우

리가 쓰는 교과서에는 없었다. 학생으로서 우리는 선생님들이 아는 것 혹은 아는 척하는 것을 배우고 암기한 후에 시험 시간이 되면 그때까지 배운 것을 그 앞에서 구술해야 했다. 이 때문에 어린 나는 세상의 모든 문제에 이미 답이 있고, 그 답은 어딘가의 누군가에게는 알려져 있는 것 같았다.

물론 너희는 이제 구글을 검색해 모든 답을 구하고 있다. 과거 우리 가족이 살던 집에는 《브리태니커 백과사전》 전집이 두 칸의 선반을 채우고 있었는데, 그 백과사전이야말로 우리가 세상에 대해 알아야 할 모든 것에 대한 정보가 담긴 보물 창고였다.

여하튼 나는 그렇게 생각했다. 하지만 학교 선생님들도 백과사전도 나에게 자전거를 타는 법이나 학교를 졸업한 후에 무엇을 해야 하는지는 알려주지 못했다. 마침내 나는 교과서에서 답을 찾을 수 없는 문제들이 있다는 걸 깨달았다. 너희도 이제는 혼자 힘으로 답을 찾아내야 한다. 이 직업을 선택해야 할까? 이 사람과 결혼해야 할까? 다른 곳에서 살아야 할까? 모두 중요한 질문이지만 명확한 답이 없었고 나에게 어떻게 해야 한다고 말해주는 교과서와

전문가도 없었다. 그래도 나는 답을 찾으려는 시도를 멈추지 않았다.

훗날 사회생활을 시작한 후에도 나는 다른 질문들에 부딪쳤다. 이 사람을 신뢰할 수 있을까? 이 가격이면 적정할까? 이 아이디어는 도덕적으로 정당할까?

나이가 들어감에 따라 질문은 더욱더 철학적으로 변해 갔다. 올바른 삶이란 무엇인가? 이 모든 것의 요점이 무엇인가? 목적이 수단을 합리화하는가? 철학자들도 예부터 이 중대한 문제들을 두고 논쟁을 벌였지만 어떤 합의에도 이르지 못했다. 결국에 그 답은 우리가 생각하는 우선순위, 우리가 처한 환경, 위험을 감수하며 우리 자신의 미래를 결정하려는 적극성에 따라 달라지기 때문이다.

내가 받은 교육에서는 이런 '열린' 문제를 처리할 방법을 가르쳐주지 않았다. 그런 문제를 다루기는 했지만 '닫힌' 문제, 즉 선생님을 비롯해 어떤 권위자가 올바른 답을 알고 있는 문제처럼 다루었다. 나에게 세상은 이런저런 종류의 규칙과 계율로 가득하고, 그 규칙들을 하나라도 어기면 끔찍한 결과가 닥치는 곳으로 여겨졌다. 몇몇 규칙은 어린아이의 눈에도 우스꽝스럽게 보였다.

고민의 답은 달라진다.

우리가 생각하는 우선순위, 우리가 처한 환경,

위험을 감수하며 자신의 미래를

결정하려는 적극성에 따라 달라진다.

내가 다녔던 학교에서 고학년들은 중앙 잔디밭을 시계 방향으로 걸어다닐 수 있었지만, 저학년들은 항상 시계 반대 방향으로만 걸어야 했다. 선생님들만 잔디밭을 가로질러 걸을 수 있었다. 저학년 시절에는 열등감을 느끼게 하고, 나중에 고학년이 되면 그 불쌍한 잔디밭을 번질나게 시계 방향으로 돌며 새롭게 얻은 지위를 과시할 수 있게 하려는 이유를 제외하면, 다른 이유는 없었다. 훗날 내가 들어간 어떤 조직에는 잔디밭 대신 여러 곳에 구내 식당이 있었는데, 직급에 따라 출입할 수 있는 식당이 달랐다. 내 눈에는 불평등의 명백한 증거로 보였다.

이런 규칙, 혹은 이와 유사한 규칙은 이제 완전히 사라졌다. 이는 권위를 강조하는 데 초점을 맞춘 것이었다. 달리 말하면, 고위직이 조직원들에게 무엇이 옳고 필요한지를 말하고 반발하는 조직원을 징계하는 권리를 중요시하는 규칙이었다. 그런 것이 삶이라면 나는 삶을 즐기고 싶지 않았다.

상황은 점점 악화되었다. 학교가 우리에게 좌절감을 주었다면 종교는 더 나빠졌다. 종교 권위자들은 나를 괴롭히던 문제들의 답을 정말 알고 있다고 생각하는 듯했다. 그들은 우리에게 점심 식사, 내 경우에는 아침 식사 전에 대여섯

가지의 불합리한 일을 믿고 행하기를 바랐다.

✻

내 아버지는 국교회 부주교이자 아일랜드 자그마한 시골 교구의 목사였다. 우리 가족은 매일 아침 식탁에 앉아 기도회를 가졌다. 아버지는 성경의 한 구절을 소리 내어 읽고, 우리를 두 번의 기도로 인도했다. 성경은 하느님의 말씀이었기 때문에 당연히 믿어야 하는 것이었다.

일요일이면 우리는 동네 교회에 가서 제단을 바라보며 앉아 "나는 믿습니다"로 끝나는 사도신경을 암송했다. 언젠가 나는 성경에 쓰인 것을 믿지 않으면 어떻게 되느냐고 어머니에게 물은 적이 있다. 어머니는 너무도 뜻밖의 질문이었던지 어떻게 대답할지 모르는 것 같았지만, 내가 믿기만 하면 그 믿음이 언젠가 실현될 거라고 넌지시 말씀해 주셨다.

당시 나에게 신앙은 책임을 회피하는 수단과 같았다. 너희도 신앙이 이해되지 않거나 의심스러우면, 그냥 다른 사람들이 옳을 것이라 믿고 그들과 동행해보라. 그러는 사

이에 성직자를 믿게 되면, 너희를 괴롭히는 모든 문제들의 답을 얻게 된다. 다행히 나는 그 두툼한 책, 즉 성경에 열 가지 계명 혹은 명령만이 아니라 다른 많은 조언과 충고가 있다는 걸 깨달았고, 종교가 또 다른 학교라고 생각하게 되었다. 그 자체로 교사와 교장이 있고, 그들이 마땅하게 올바르다고 생각하는 것을 우리에게 행하도록 강요하는 학교였다. 올바른 삶에 대한 답은 우리가 배운 대로 행하는 삶이었다.

십대에 나는 지적으로 경박스런 면이 있어, 성경 속의 이야기들을 나름대로 재해석하기 시작했다. 내 해석에서 마리아와 요셉은 십대였다. 마리아는 실수로 임신을 했다. 요셉은 그 임신이 자신과 아무런 관계가 없으므로 기적이 분명하다고 말했다. 어디에서나 십대가 그렇듯 그들도 인구조사에 제때 참가하지 못했고, 헛간에서 아기를 낳아야 했다. 아기는 급진적인 설교자가 되어 기존의 종교 당국을 위협했다. 그들은 그를 깎아내렸고, 결국 죽였다. 그를 믿던 사람들은 새로운 종교를 세웠고, 후세는 이를 세계적인 종교로 키워냈다.

나는 이런 재해석을 은밀히 즐겼지만, 아버지를 비롯해

누구에게도 내 수정론적 해석을 언급하지 않았다. 물론 내 재해석이 전혀 새로운 것이 아니라 이전에도 많은 사람이 그런 해석을 내놓았다는 걸 한참이 지난 후에야 알게 되었지만, 그 사실은 중요하지 않았다. 여하튼 그때에는 내 해석이었다.

내 해석이 독창적인 것이 아니라고? 그래서 뭐? 처음으로 이런 반발심이 들었지만, 겉으로 드러내지는 않았다. 어쩌면 성직자와 신학자 모두가 틀렸을지 모른다고 마음속으로 생각하면서도, 내심 불안하고 초조했다. 2,000년 동안 학자들과 성직자들이 축적한 지혜에 내가 어떻게 도전할 수 있단 말인가? 경이로운 건축물과 놀랍도록 아름다운 찬송곡과 미술품은 성경 속 이야기들이 진실이었고, 하느님이란 절대적인 신, 찬양과 예배를 받을 만한 자격을 지닌 존재가 있었다는 분명한 증거였다. 아니면 건축물과 예술품이 그렇듯이 성경도 성직의 권위를 강조하기 위한 한 수단에 불과한 것일까? 교육처럼 종교도 사회를 통제하는 하나의 수단일까?

한 소년에게는 벅찰 정도로 걱정스런 생각들이었고, 나는 그 생각들을 마음속 깊이 숨겨두었다. 그러나 그런 생

각들 덕분에 나는 일종의 정신적 자유를 은밀히 누릴 수 있었다. 나에게 어떻게 처신하라고 말하는 사람들이 나보다 더 권위 있다는 이유로 그들이 말하는 모든 것을 인정하고 받아들일 필요가 없었다. 게다가 어떤 책에서 올리버 크롬웰^{Oliver Cromwell}이 스코틀랜드 교회의 완고한 장로들에게 "그리스도의 자비를 빌어 간청합니다. 여러분이 잘못 판단할 수 있다는 걸 생각해주십시오"라고 말했다는 걸 읽은 적이 있었다.

나도 그렇게 말하고 싶었지만 감히 입밖에 내지 못할 뿐이었다. 그때 나는 창조적으로 생각하는 것만으로는 충분하지 않다는 걸 깨달았다. 그 생각으로 무엇인가를 해내려는 용기가 필요했다. 르네상스 시대의 두 거인, 코페르니쿠스와 갈릴레오가 그랬듯이 말이다.

※

코페르니쿠스와 갈릴레오는 한 세기의 간격을 두고 다른 시대에 살았지만, 두 사람 모두에게는 성경의 권위와 교회의 계급보다 두 눈으로 목격한 증거를 믿는 지적인 대

담함이 있었다. 게다가 교회의 가르침과 다르게 생각하는 데서 그치지 않고, 자신들의 급진적인 관점을 세상에 알렸다. 그 때문에 갈릴레오는 종교재판까지 받았다. 그래도 코페르니쿠스와 갈릴레오는 16~17세기에 유럽을 실질적으로 지배하던 교회 당국의 가르침을 공공연히 무시했다.

그들은 지구가 태양을 중심으로 회전한다는 태양중심설을 주장했지만, 성경의 전도서에는 태양이 떴다가 질 때면 떴던 곳으로 되돌아간다고 분명히 적혀 있었다. 용기있고 자신감에 넘치던 코페르니쿠스와 갈릴레오는 수세기 동안 진실로 전해지던 기존 이론보다 자신들이 관찰한 것을 믿었다. 그들은 권력자들이 틀릴 수 있다고 생각하는데 그치지 않았고, 그런 생각으로 무엇인가를 해냈다. 그게 무엇보다 중요하다.

1543년 죽음을 앞둔 코페르니쿠스는 침대에 기댄 채 자신의 위대한 저작《천구의 회전에 관하여》의 초판을 들척이다가 숨을 거두었다. 100년 후 갈릴레오는 그만큼 운이 좋지는 않았다. 갈릴레오는 자신의 이론을 공식적으로 철회해야만 했고, 죽음을 맞이할 때까지 집밖으로 나올 수 없었다. 속설에 따르면 갈릴레오는 자신의 방 벽에 "E pur

si muove(그래도 지구가 돈다)"라고 저항적인 네 단어를 새겨 두었다고 한다.

당연한 말이겠지만, 그 두 사람은 내 영웅이었다. 그들은 나에게 내 생각이 다른 사람의 의견과 다르더라도 스스로 생각하고 판단하라는 용기를 북돋워주었다. 또한 갈릴레오가 그랬듯이 자주적으로 생각하려면 그에 따른 결과를 감당할 수 있어야 한다는 걸 깨우쳐주었다.

너희도 앞으로 개인적인 믿음 때문에 고민하게 될지도 모르겠다. 그때 너희 생각을 감추고 겉으로 드러내지 않아야 할까? 물론 어떤 생각이고 어떤 상황인가에 따라 다를 수 있다. 적절한 조심은 비겁한 행동이 아니라 상식이다.

나는 직업의 세계가 어떤 것인지 파악할 만한 실마리를 추적하며 저자로서의 삶을 살았고, 그런 20년이란 시간 동안 글을 쓸 때마다 전통적인 지혜에 반론을 제기하는 편이었다. 그 결과 처음에는 무시를 당했고, 그 후에는 경멸과 조롱의 대상이 되었다. 하지만 적잖은 시간이 지난 후, 내 걱정과 생각이 움직일 수 없는 사실로 입증되자 많은 사람이 "그래, 그게 분명했었어!"라고 말했다.

그때마다 나는 코페르니쿠스와 갈릴레오를 기억에 떠올

렸다. 어떤 것도 당연하게 여기지 마라. 모든 것에 의문을 제기하고, 상관이 확신하는 것에 의심을 품되 적절한 때가 될 때까지 그 의심을 겉으로 드러내지 마라. 이 부분에 대해서는 다음 편지에서 더 자세히 말하기로 하자.

여섯 번째 편지

모든 문제는 의문을
제기하지 않는 데서 시작된다

내면의 호기심을 회복하는 법

안전보다 호기심을 선택해보라.

옳다는 것에 의문을 제기해보라.

때로는 틀렸다는 것에 진실이 감춰져 있다.

나는 다국적 석유회사에 취직하자마자 동남아시아 지부로 발령을 받았다. 그렇게 결정된 첫 직장에서 나는 그 나라를 연구하고, 회사의 운영 방식을 분석하며 첫 6개월을 보냈다. 얼마 지나지 않아 나는 원유의 유통 방식에 부분적으로 의문을 품기 시작했고, 그 방식을 개선할 수 있는 방법을 제안하는 게 내 책무라고 생각했다. 그러나 업무 팀장은 내 철학 교수가 아니었다. 그는 내가 독자적으로 생각하는 걸 달갑게 여기지 않았다. 우리 둘의 대화는 대략 이런 식으로 진행되었다.

"이 나라에 얼마나 있었나, 핸디?"

"4개월입니다."

"우리 회사가 이곳에 얼마나 있었는지는 알고 있나?"

"음, 40년인 걸로 알고 있습니다."

"정확히 말하면 48년이네. 그럼 고작 4개월을 지낸 자네가 그 오랜 시간의 경험을 바탕으로 마련된 시스템보다 더 나은 시스템을 찾아낼 수 있다고 생각하는가?"

"아닙니다, 절대 그렇지는 않습니다."

이렇게 창의적인 생각은 종언을 맞았다.

수년 후, 새로 부임한 업무 팀장이 내가 전에 제안했던 것과 유사한 방식을 도입하는 걸 보고서야 어느 정도 개인적으로 만족했지만, 나에게는 뒷북치는 것과 다를 바가 없다고 느껴졌다.

이런 일은 언제든 일어난다. 너희가 훌륭한 아이디어라고 생각하는 걸 제안하면 대다수가 "그게 그렇게 좋은 아이디어라면 다른 직원이 벌써 몇 년 전에 제안했겠지"라고 대꾸하기 십상이다. 요컨대 정설에 도전하는 게 쉽지도 않을뿐더러, 주변으로부터 환영받기도 힘들다. 과거에 이단자들은 화형에까지 처해지지 않았던가. 요즘에도 무시되기 일쑤고, 더 나쁜 경우에는 쫓겨난다.

모험적인 기업가는 창의적인 사고를 독려하는 상관을 만나더라도 조직 내에서는 크게 성장하지 못한다. 혁신적인 신생 기업의 창업자들도 자신의 기업을 대기업에 매각

하고 계약 조건에 따라 인수 기업의 직원으로 2년 이상 일하는 경우가 있는데, 큰 조직에 위축되어 창의력을 제대로 발휘하지 못할 때가 많다. 관료 체제는 효율성을 위해 필요할 수 있지만, 창의력과 상상력을 억누른다. 나는 너희가 안전보다 독자성을 더 중요하게 생각한다면 관료 체제를 멀리하기를 바란다.

창의력은 호기심에서 시작된다. 누구나 태어날 때는 호기심이 가득하다. 주변 세계를 이해하려고 애쓰는 어린아이의 모습을 지켜보면 이 말이 충분히 증명된다. 그러나 부모가 어린 자식의 건강과 안전을 지나치게 염려하며 보호하면, 타고난 호기심은 쉽게 사라진다. 모험적인 기업가 상당수가 둘째나 셋째라는 것도 우연이 아닐 수 있다. 둘째나 셋째를 기를 때가 되면 부모들이 한층 여유롭게 자녀를 양육하는 법을 터득했기 때문이다.

기업가적 자질을 지닌 사람은 과학자와 비슷해 항상 이런 의문들을 제기한다. 대체 무슨 일이 벌어지고 있는 거야? 정말 확신하는 거야? 저 방법이 정말 최선일까? 그렇게 보는 증거가 뭐야? 이 자료는 믿을 수 있는 거야?

기업가는 호기심과 용기를 겸비한 사람이다. 선천적으

로 꼬치꼬치 캐묻기 때문에 호기심이 강한 사람이며, 자신의 생각을 실천하고 실패를 학습의 한 단계로 받아들이기 때문에 용기 있는 사람이다. 예컨대 어떤 조치에서 효과를 거두지 못하면, 적어도 그 조치를 반복할 필요가 없다는 걸 알게 되는 것이 아닌가. 또 기업가들은 "실패하지 않았다고 충분히 성공한 것은 아니다"라고 말한다. 내가 들은 바에 따르면, 제임스 다이슨James Dyson은 원하는 진공청소기를 얻기 위해서 5,127개의 시제품을 만들었다. 결국 그는 실패할 때마다 목표를 향해 조금씩 다가간 셈이었다.

　　　　　　　　　　　　✻

　나는 대학에서 개인적으로 큰 호기심을 가지고 철학 강의를 들었다. 강의를 제대로 마치려면 다수의 철학자를 공부해야 했다. 처음에 나는 철학자들의 저작을 일종의 세속적 성경인 양 학습하고, 그들의 사상을 흡수하는 게 수강생의 책무라고 생각했다. 그러나 나는 담당 교수가 철학자들의 이론을 열거하기보다, 학생들이 과거 철학자들을 무작정 받아들여야 할 권위체가 아닌 일종의 '자극제'로

삼아 각자의 이론을 개발하도록 돕는 데 주력한다는 걸 알고 무척 기뻤다.

그 강의는 나에게 지적 자유의 문을 열어준 열쇠였다. 강의를 통해 나는 독자적으로 생각하고, 무엇에든 의문을 제기하고, 내가 옳다고 생각하는 것에만 동의하는 공식적인 허가증을 얻었다. 좋은 교육을 받았더라면 나는 훨씬 더 일찍 그 허가증을 받았을 것이다. 안타깝게도 적잖은 사람이 그러한 교육을 접해보지 못한 채 다른 사람들이 세운 법칙들을 신성불가침인 것처럼 끝없이 암송하는 듯하다. 그들은 본의 아니게 다른 사람들의 세계에 갇힌 포로들이다. 철학은 직업적인 철학자에게만 맡겨두기에는 너무도 중요하다. 우리 모두는 초등학교에서부터 철학자처럼 생각하는 법을 배워야 한다.

과학도 호기심에서 시작된다. 그러나 종교 혹은 학교에서 나를 가르치던 교사들과 달리, 과학은 결코 확실히 안다고 주장하지 않는다. 과학은 물리적 세계가 어떻게 움직이는지에 관한 현재의 지식을 이루어낸 과거 학자들이 옳지도 틀리지도 않았고, 설령 옳았더라도 완전히 옳지는 않았다는 가정 하에 조금씩 전진한다.

훌륭한 과학자는 현재의 지식에 끊임없이 의문을 제기하며 경계를 넓히고, 가정들을 시험하며 물리적 세계를 더 깊이 이해하려고 애쓴다. 과학자들의 주장이 너희에게 허튼소리나 받아들이기 힘든 헛소리로 들릴지라도, 모두가 귀담아들을 가치가 있다고 가정하는 편이 일상의 삶에 유익할 것이다. 과학자들의 주장이 맞을 가능성보다 틀릴 가능성이 더 클 수 있지만, 틀린 것 중에 옳은 것이 감추어지는 경우가 적지 않다. 멍청한 바보들도 생각보다 더 많은 것을 알고 있을 수 있다.

스코틀랜드 철학자 데이비드 흄David Hume은 친구들과 논쟁하며 진실을 끌어내라고 조언했다. 내 경험에 따르면, 흄의 조언은 멋진 만찬을 위한 최고의 비결이다. 개인적으로 나는 저녁 식사에 네 명, 많아야 여섯 명의 친구를 초대한다. 그래야 모두가 자신이 생각하는 진실을 표현할 기회를 가질 수 있기 때문이다.

내가 철학 강의에서 배운 또 하나의 진실은 항상 의심을 품고, 관례와 기성 사실에 의문을 제기해야 한다는 것이다. 대학에서 학생들을 가르치던 당시 나는 신임 교수를 임명하는 위원회의 위원을 지냈다. 한 지원자는 뛰어난

강의 실력과 외부 기관에 대한 컨설팅으로 상당히 유명했다. 그가 자신의 분야에서 전문가인 것은 분명했다. 그런데 왜 그를 교수로 선뜻 채용하지 못했던 것일까? 한 위원이 그 이유를 명확히 지적했다. "그의 문제는 적절한 의문을 품지 않는다는 겁니다." 설령 자신이 틀릴 수 있다고 생각하더라도 일반적인 통념에 적극적으로 의문을 제기하지 않는 사람은 훌륭한 학자가 될 수 없다. 자신의 믿음과 행동에 의문을 제기하는 것이 최고의 학습법이다.

일흔 살을 넘긴 뒤 나는 삶을 돌이켜보는 회고록을 썼다. 그 과정에서 내가 저지른 실수들과, 그 실수들에서 배운 교훈들이 가장 흥미롭다는 걸 새삼스레 깨달았다. 더 많은 것을 시도하고 더 많이 실수했으면 좋았을 것이란 아쉬움도 있다. 그랬더라면, 그럭저럭 평범하게 살았던 내 삶이 훨씬 더 흥미롭고 유익했을지도 모르겠다.

나는 어린 시절에 받은 교육 때문에 재밌게 살 수 없었다. 억눌러진 채 규율을 엄격히 지켜야 하는 교실에서 호

설령 자신이 틀릴 수 있다고 생각하더라도

일반적인 통념에 적극적으로 의문을 제기하지 않는

사람은 훌륭한 학자가 될 수 없다.

자신의 믿음과 행동에 의문을 제기하는 것이

최고의 학습법이다.

기심은 수업을 방해하는 행위로 여겨졌다. 친구에게 도움을 청하면 부정행위가 되었고, 실수는 실패의 징조였다. 다행히 나는 철학을 공부함으로써 그런 틀에서 벗어났다. 물론 의문을 제기하는 데에서 시작하고 불확실한 것을 즐기는 철학 또한, 결국에는 권위자의 의견을 인정하고 받아들이는 경향이 있기는 하지만 말이다.

내 아내는 부모가 군인이었던 까닭에 세계 곳곳을 돌아다니며 여러 학교를 다녔다. 두 명의 연로한 교사밖에 없어 화기애애하지만 학교답지 않은 학교에 다니기도 했다. 아내는 교과 과정에 있는 학문에 대해 거의 배우지 못했고, 배운 것도 거의 없었다. 아무런 학위도 받지 못한 채 열여섯에 그 학교를 떠났다. 하지만 아내가 그 학교에서 기른 호기심은 평생 흥미진진한 삶을 사는 데 큰 역할을 했다. 아내는 누구에게든 도전했고 무엇이나 무작정 받아들이지 않았다. 또한 무엇인가를 관습대로 해야 하는 이유에 의문을 제기하며, 다른 식으로도 할 수 있지 않느냐고 물었다. 아내는 훌륭한 과학자처럼 생각했고, 거의 언제나 자신이 옳다는 걸 입증해냈다.

많은 점에서 아내는 이상적인 평생 학습자였다. 아내에

게는 모든 경험이 무언가를 배울 기회였다. 더구나 아내는 그때마다 얻게 된 답을 자신에게 강제적으로 주입하지도 않았다. 심지어 늘그막에는 느닷없이 똑같은 요리를 반복하지 않겠다고 선언하기도 했다. "왜요?"라는 내 질문에 아내는 "항상 새로운 것을 시도하고 싶거든요"라고 대답했다. 아내에게 삶은 끝없는 학습의 기회였다.

내 강연 대리인이었던 아내는 강연이 끝나면 기계적으로 질의응답 시간을 고집하는 강연 기획자들에게 격분하기도 했다. 아내의 생각에 그런 시간은 지극히 따분한 관습이었고, 내가 유쾌한 입담으로 띄워놓은 열띤 분위기를 망치는 짓이었다. 대체로 청중 중 절반이 질문자의 뒤에 있어 질문자가 누구인지 볼 수 없었고, 나머지 절반은 질문자의 앞에 있고 뒤통수에 눈이 없기에 역시 질문자가 누구인지 보지 못했다. 게다가 질문이라고 해도 질문자가 짧막하게나마 자신의 의견을 제시하는 데 불과한 경우가 비일비재했다. 아내는 "왜 질의응답 시간을 살아있는 대화로 바꾸지 않나요?"라고 되물었다.

그 문제의 해결책으로 아내는 '빈 의자empty chair'라는 개념을 제안했다. 그 개념을 설명하면 대략 이렇다. 강연 기

획자가 무대에 의자 세 개를 놓아두면 내가 가운데 의자에 앉았다. 나와 어떤 형식으로든 대화하고 싶은 사람은 왼쪽 의자에 앉았고, 오른쪽에 비워둔 의자에는 다음 대화자가 와서 앉았다. 왼쪽 의자에 앉은 사람이 나와의 대화를 끝내고 청중석으로 돌아가면 오른쪽에 앉아 있던 사람이 그 의자를 차지했고, 또 다른 대기자가 오른쪽 의자에 앉으며 일련의 짤막한 대화가 청중을 마주본 채 이루어졌다. 모두가 이 방법을 좋아했다. 유명인사를 초빙해 대화하는 텔레비전 프로그램과 비슷했다. '빈 의자' 개념은 내 아내의 호기심이 관습에 의문을 제기하며 새로운 전통을 만들어낸 일례였다.

※

너희가 호기심을 억누르지 않는다면 여행은 너희가 다르게 사고하도록 유도하는 좋은 활동이다. 내 동료 하나는 이 의견에 동의하지 않는데, 그녀는 오히려 여행이 마음을 편협하게 만든다고 주장한다. 하기야 고유한 문화적 관습을 버리지 않은 채 세계를 여행하는 여행객들을

보면 그녀의 주장을 이해할 수 있다.

편안한 호텔에 투숙하고, 고향에서 얼마든지 먹을 수 있는 음식을 먹으며 모국어만을 사용하며 현지에 사는 사람들과는 접촉하지 않고, 방문하는 크고 작은 도시들을 카메라 렌즈로만 보는 여행객들을 생각해보라. 그들은 온갖 편견을 재확인한 채 고향으로 돌아가고, 원래 살던 곳에서 살게 된 것에 안도하고 좋아하며, 마음이 넓어지기는커녕 편협해진다. 너희는 이런 식으로 여행하지 않기를 바란다. 호기심을 유지하길 원하고, 다른 조건에서 살아가는 다른 형태의 삶을 탐구하고 싶다면 결코 그렇게 여행하지 않을 것이다.

아내와 나는 사회적인 관광객이었다. 역사적 중요성을 지니지 않은 유적은 우리의 관심을 끌지 못했다. 우리의 주된 관심 대상은 그곳에 사는 사람들이었고, 그들이 어떻게 살고 무엇을 중요시하며, 그 사회는 어떻게 움직이는지를 관찰하고자 했다. 이런 이유에서 우리는 항상 버스나 기차로 여행했지, 택시를 타지 않았다. 대중교통이 사람들을 지켜보기에 더 좋았기 때문이다.

때로는 역사와 사회학이 결합되기도 했다. 언젠가 우리

부부는 기원전 500년경 페르시아 제국의 수도 페르세폴리스의 어느 유적지를 방문한 적이 있었다. 그곳의 통치자였던 키루스 대왕^{Cyrus the Great}은 세계에서 가장 넓은 제국, 정확히 말하면 27개 국가를 통합해 30년 동안 지배했다. 정보가 말을 이용해서만 전달되던 시대에 그가 그토록 드넓은 제국을 어떻게 통치했을까 생각하며 우리는 경외감에 빠졌다.

지역 총독이나 태수의 선정 같은 영역은 중앙에서 결정하고 다른 영역은 위임하는 방식, 즉 연방제의 원초적 형태를 도입한 덕분이었다. 키루스 대왕은 오늘날까지 전해지는 원통 모양의 '키루스 헌장'에 만인을 위한 인권을 상세히 밝힌 준엄한 인권주의자이기도 했다. 또한 그는 유대인 포로들을 고향인 예루살렘에 돌려보냈고, 그곳에서 비유대인으로서는 유일하게 메시아로 칭송받았다.

나는 그곳에 섰을 때 키루스 대왕의 관리 원칙이 오늘날 다국적 기업의 표본이 될 수 있겠다는 생각이 들었다. 호기심 많은 관광객만이 떠올릴 수 있는 비교였다.

너희가 다른 곳의 사람들이 어떻게 살고 일하는지 관찰할 때 호기심이 있어야 자극을 받고, 다르게 생각하고, 다

른 형태의 삶을 꿈꿀 수 있다. 그렇기에 너희도 삶을 살아가는 동안 여행을 가게 된다면 반드시 배낭에 호기심을 담아가기 바란다.

정작 중요한 것은
학교에서 배우지 않는다

키플링의 난제를 해결하는 법

우리가 삶에서 진정으로 알아야 하는 것은

학습되는 것이지, 가르쳐질 수 있는 것이 아니다.

지금까지 너희는 적잖은 시험을 보았을 것이다. 좋은 성적을 거둔 사람은 자신이 꽤나 똑똑하다고 자부하겠지만, 안타깝게도 자신이나 부모님이 기대한 만큼의 성적을 거두지 못한 사람도 있을 것이다. 그렇다고 절망할 필요는 없다. 다른 부분에서 똑똑하고 영리할 수 있고, 어떤 분야에서는 누구보다 쓸모 있는 능력을 발휘할 수 있다.

너희를 포함해 모든 젊은이가 학구적인 성향을 띠지 않는다는 걸 우리는 인정해야 한다. 그런데 왜 모두가 학교 성적으로 똑똑하다는 걸 입증하기 바라고, 지능을 표현할 수 있는 다른 방법들을 경시하는 것일까? 아리스토텔레스는 우리가 여러 방향에서 영리함을 드러낼 수 있다는 걸 처음으로 지적했다. 그는 세 가지 유형의 지능이 있다

고 말했다. 에피스테메^{episteme}(순수한 지식), 테크네^{techne}(기술적 지식), 프로네시스^{phronesis}(실천적 지혜)가 그것이다. 세 가지 지식을 동일할 정도로 지닌 사람은 거의 없다.

하버드대학교 심리학 교수 하워드 가드너^{Howard Gardner}는 음악 지능, 논리·수학 지능, 신체운동 지능, 대인관계 지능 등 사람의 지능을 세분화해 여덟 가지로 나누었다. 가드너의 주장에 따르면 음악적 재능이 뛰어난 학생이라도 수학에는 절망적일 수 있고, 운동 능력이 우수하더라도 대인관계 능력은 부족할 수 있다. 그의 이론에 의하면 너희는 누구나 자기 나름대로, 자신이 잘하는 분야에서는 똑똑하다. 그렇기에 학교가 인지적 지능만을 중시하는 것은 학생들에게 몹쓸 짓을 하는 것과 마찬가지다. 학교는 그런 편협함에서 벗어나야 한다.

현실에서는 인지적 지능만이 아니라, 삶에서 마주하는 역경과 기회에 대처하는 실질적인 능력이 더 필요하다. 이런 능력도 지능이라 칭한다면, 우리 교육 제도에서 이런 부분을 더 폭넓게 인정하고 받아들이는 데 도움이 될 것이다.

뛰어난 학업 성적이 사회생활에서의 성공을 항상 보장하는 것은 아니다. 한때 나는 유수의 경영대학원 학장을

지냈다. 그곳의 지원자는 응시 조건의 하나로 적성 검사를 치러야 했는데, 이를 통해 지원자들의 수리력과 이해력을 평가했다. 경영대학원들은 지원자들에게 요구하는 합격 수준을 과장하며 서로 경쟁했다. 내가 경영대학원에서 가르치던 시대에는, 적어도 내가 보기에 학생들의 적성 검사 점수와 학년말 성적 사이에는 별다른 상관관계가 없었다. 졸업 후 직업인으로서의 성공 여부와는 더더욱 관계가 없었다.

응시 자격시험만으로 판단하면, 입학 성적이 낮은 학생이 좋은 학업 성적을 거둘 가능성은 무척 낮았다. 하지만 나는 면접에서 응시자의 동기와 성격을 집중적으로 보았기 때문에 시험 점수에 기초한 선발위원회의 추천을 거부한 적이 적지 않았다. 덕분에 훗날, 그 학생들이 졸업에 필요한 점수를 획득하려고 버둥거렸지만 졸업 후에는 사회인으로서 상당한 성취를 거두고 성공하는 모습을 지켜보는 즐거움을 누릴 수 있었다. 그들의 투지가 온갖 고난을 극복하고 성공을 일궈낸 것이었다.

너희가 어느 분야에서 똑똑하더라도 삶에서 부딪치는 실질적인 문제에 대처할 수 있어야 한다. 우리가 삶에 대

해 배워야 할 가장 중요한 것들을 학교에서 습득할 수 없다는 게 현재 교육 제도가 가진 크나큰 모순 중 하나다. 너희는 끝없는 탐구를 통해서만 그 중요한 것들을 배울 수 있다. 예컨대 어떻게 해야 낯선 사람과 원만하게 지내는 법을 배울 수 있는가? 누구를 신뢰해야 하는지 어떻게 알 수 있는가? 어떻게 해야 삶의 계획을 치밀하게 세울 수 있는가? 어떤 교사도 이런 실질적인 것들을 가르치지 않는다.

그러나 영국 작가 러디어드 키플링Rudyard Kipling을 삶의 안내자로 삼으면 크게 도움을 받을 수 있다. 나는 교실 밖 현실 세계에서 까다로운 문제에 부딪쳤을 때 키플링에게서 큰 도움을 받았다. 동물들의 특징을 재밌게 풀어낸《아빠가 읽어주는 신기한 이야기》와 위대한 시 〈만약에〉를 쓴 키플링은 개인적으로 알고 지내던 한 소녀를 위해 짤막한 시를 썼다.

나에게는 여섯 명의 정직한 하인이 있네.

(그 하인들이 내가 알고 있는 모든 것을 가르쳐주었네.)

그들의 이름은 무엇, 왜, 언제,

어떻게, 어디에서, 누구라네!

키플링이 옳았다. 그 '하인들'의 역할은 너희가 삶을 살아가는 동안 제기되는 핵심적인 질문에 대답하도록 이끈다. 각 사건은 전에 있었던 사건과 이런저런 면에서 다를 것이기 때문에 그 대답 역시 경우에 따라 다를 것이다. 그 때문에 교육은 피교육자의 요구를 충족하기 어렵고, 실망을 안겨주기 십상이다. 초·중·고등학교나 대학교는 너희가 삶을 대비할 수 있도록 가르친다고 주장하지만, 구체적인 상황을 알지 못하기 때문에 실질적인 의문들에 관한 답을 제공할 수 없다.

너희가 누군가를 만나고, 그(그녀)를 평생 사랑해야 할 삶의 동반자로 받아들일 것인가 아닌가에 대해 고민한다고 가정해보자. 이때 키플링의 질문들이 적절하게 사용될 수 있다. 그(그녀)가 정말 적합한 사람인가? 그런데 무엇보다 삶의 동반자를 원하는 이유가 무엇인가? 이런 결심에는 무엇이 수반되어야 하는가? 지금이 결혼하기에 적합한 때인가? 이 의문을 어떻게 제기하고, 또 어디에서 살 계획인가?

모든 의문은 이른바 열린 질문들로, 답이 정해지지 않았다. 모든 답이 너희에게 달렸다. 안타깝게도 대다수 연인들이 정식으로 부부가 되기 전까지 이런 의문들에 관심을 갖지 않는다. 우리 부부도 삶을 어떻게 꾸려가고, 자식을 몇이나 두고, 어디에서 정착할지 상의한 적이 없었다. 그저 사랑했고 함께 살아가기를 바랐을 뿐이다.

이번에는 너희가 집을 장만할 계획이라고 가정해보자. 마음에 드는 집들을 둘러본다. 그러나 섣부른 결정을 중단하고 이렇게 생각해보라. 왜 월세나 전세로 살지 않고, 집을 구입하려 하는가? 지금이 집을 구입하기에 적절한 때인가? 집을 마련하는 데 필요한 보증금을 저축하기 위해 기꺼이 지출을 줄일 수 있는가? 집을 구입한다면 어느 지역을 염두에 두고 있는가? 집을 구입할 자금을 어떻게 마련할 생각인가? 주택 구입과 관련하여 부동산업자나 건축가, 회계사, 은행, 측량사 등 누구에게 도움을 청할 생각인가? 가장 적절한 사람을 선택하는 최선의 방법은 무엇인가?

이런저런 의문을 해결하려면 바로 키플링이 말한 여섯 조력자가 필요하다. 적어도 그들은 우리가 무엇인가를 시도할 때 점검해야 할 목록을 제시해준다.

무엇, 왜, 언제,
어떻게, 어디에서, 누구.
섣부른 결정을 중단하고
이 여섯 하인에게 도움을 청하라.

문제는 너희가 그런 목록을 이전에 활용해본 경험이 없다는 것이다. 따라서 너희는 본능에 의존하고, 다른 의문들을 무시한 채 먼저 둘러본 집을 선택하고 싶을 수 있다. 너희의 판단이 맞을 수 있겠지만, 키플링이라면 너희에게 결정하기 전에 두 번 생각하고, '하인들'의 발언을 냉정하게 따져보라고 조언할 것이다.

우리가 결혼할 때 아내는 본능에 따랐지만 나는 키플링식으로 이런저런 문제들을 머릿속에 굴리며 분석했다. 그 때문에 우리 사이에는 더러 큰 말다툼이 있을 뻔했다. 설령 말다툼이 있었더라도 아내는 마지못해 패배를 인정하며 뚱한 목소리로 "그래도 내가 맞아"라고 중얼거릴 수밖에 없었을 것이다.

너희도 성급히 결정을 내리느니 하루쯤 미루고, 그 결정에 대한 본능이 모든 의문을 해소했는지 냉정하게 따져보라. 학교를 비롯해 어떤 기관이나 사람도 너희에게 그 사람을 평생의 반려자로 선택해야 한다고, 혹은 그 집을 당장 구입하거나 다른 집을 기다려야 한다고 말해줄 수 없다. 학교는 너희에게 일반적인 관점에서 조언할 뿐, 어떤 직업을 선택하고 누구에게 투표하라고 말해주지 못한다.

내가 앞서 말했듯이, 학교와 구글은 "태양이 지구에서 얼마나 멀리 떨어져 있는가? 물의 구성 성분은 어떻게 되는가? 말라리아의 원인은 무엇인가?"와 같이 닫힌 문제, 즉 답이 정해진 문제를 해결하는 데 큰 도움이 된다. 하지만 학교는 너희가 보르네오에 가는 방법을 알아내는 데 도움을 줄 수 있어도 "왜 거기에 가야 하는가?"라는 질문에는 대답해주지 못한다. 이제부터라도 학교는 너희가 실질적인 문제들, 즉 일상의 삶에서 매일 마주하는 문제들— '왜 나는 오늘 침대를 박차고 일어나야 하는가?'—을 더 현명하게 해결할 수 있도록 키플링의 조력자들을 활용하는 방법을 가르쳐야 할 것이다.

학교는 이미 알려진 세계를 다루는 데는 큰 문제가 없다. 그러나 교육은 그 이상을 해낼 수 있어야 하고, 마땅히 그래야 한다. 내가 다른 편지에서 주제로 삼은《작은 것이 아름답다》를 쓴 에른스트 슈마허Ernst Schumacher 또한 교육의 이런 역할을 잘 정리해주었다.

우리의 평범한 마음은 항상 우리는 도토리에 불과하며, 우리의 가장 큰 행복은 더 크고 더 통통하고 더 반짝

이는 도토리가 되는 거라고 우리를 설득한다. 그러나 그런 설득은 돼지에게만 구미가 당길 뿐이다. 우리의 굳은 믿음은 훨씬 더 나은 존재, 즉 우리가 떡갈나무가 될 수 있다는 사실을 우리에게 가르쳐준다.

떡갈나무는 미지의 공간으로 가지를 뻗으며 커진다. 우리도 그렇게 해야 한다. 초·중·고등학교와 대학교는 우리에게 뿌리를 줄 수 있지만, 그 이후의 성장은 전적으로 우리에게 달렸다. 진정한 교육이라면 그런 성장에 필요한 훈련장이 되어야 한다. 구글과 같은 새로운 기술의 남다른 장점은 여기에 있다. 확정된 지식을 학생들에게 알려주는 역할을 떠맡아 학교가 지식을 전달하는 데 머물지 않고 학생들의 가능성을 탐색하는 데 더 많은 시간을 투자할 수 있게 해준다는 것이다.

🌿

나는 창고형 학습warehoused learning의 효과를 믿지 않는다. 교사가 너희에게 삶을 살아가는 데 필요한 모든 지식을 주

고, 너희는 그 지식을 어딘가에 저장해두었다가 필요할 때마다 꺼내 쓸 수 있어야 한다는 게 창고형 학습의 기본 개념이다. 이 교육법은 효과가 없다.

교사들은 "지식은 활용해야 하고, 그렇지 않으면 잃어버린다!"라고 말한다. 맞는 말이다. 가르치는 모든 것이 항상 학습으로 이어지는 것은 아니기 때문이다. 이런 이유에서 나는 학습을 여기저기에서 도움을 받아 조용히 이해되는 경험이라고 말하고 싶다. 달리 말하면, 경험이 먼저고 그 후에 학습이 뒤따른다. 어린아이가 어떻게 배우는지 생각해보라. 우리도 다르지 않다. 그런데 학교에서는 이 순서가 뒤바뀐다. 학교 교육이 효과가 없는 이유가 여기에 있다.

내가 상상하는 미래의 학교에서는 프로젝트에 기반을 두고 문제를 해결하는 방법을 배울 것이다. 학생들은 무리를 지어 점점 복잡해지는 문제들을 다룰 것이고, 필요한 경우에는 정보를 제공하는 기술을 이용할 것이다. 교육의 목적은 키플링의 '여섯 조력자'를 이용하는 법을 연습할 뿐 아니라, 다른 학생들과 협력하며 함께 공부하는 기회를 제공하는 데 있다. 키플링의 '어떻게'에는 다른 사람들

과 협력해야 하는 경우가 자주 포함되기 때문이다. 학생들은 프로젝트를 완료한 이후에 무엇을 잘못했고, 무엇을 더 잘할 수 있었는지를 반추하는 시간을 가질 것이다. 이렇게 되어야 학습이 올바른 순서로 진행된다.

나의 궁극적인 바람은 학교가 주변 사회와 한층 더 밀접한 관계를 맺는 것이다. 그럼 학교가 진행하는 프로젝트 중 일부는 기업을 비롯해 다양한 지역 단체를 고객으로 삼아 현실감 있게 시행될 수 있을 것이다. 요즘 영국에서는 14세부터 18세의 현실적인 생각을 지닌 학생들을 모집해 지역 협력 단체의 지원 아래 학업과 실습의 기회를 동시에 제공하는 '기술지주회사University Technology Company'의 숫자가 점점 늘고 있다.

한 아이를 키우는 데는 온 마을이 필요하다는 속담이 있다. 현대 사회에서 과거의 마을에 해당하는 것은 주변에서 실습 기회를 제공할 수 있는 조직들로 구성된 네트워크다. 과거 젊은이들은 일을 하며 일에 대해 배웠고, 14세나 그보다 어린 나이에 상근직으로 일하기 시작했기 때문에 정규 교육을 받을 기회를 놓치곤 했다. 반면 도시화된 요즘 마을에서 십대가 떼 지어 배우는 기술은 현실적이지만

일곱 번째 편지

무척 반反사회적이기도 하다.

교육 개혁가들은 교실에서 학생들의 인지 능력을 향상시키는 데 열정을 쏟아부을 뿐 학교 밖에서, 예컨대 일터에서 더 잘 배울 수 있는 것을 등한시해왔다. 이에 기업주들은 신입 사원이 업무 현장에서 필요한 기본적인 역량도 갖추지 못한 채 입사한다고 불평을 쏟아냈다. 게다가 지각하기 일쑤고, 자신의 행위에 책임지지 않으며, 자주성과 상식 없이 행동하고, 타인을 존중하지 않는 등 기본적인 교양도 부족하다는 지적도 있었다.

지금 아일랜드는 학생들이 16세에 학교 밖에 나가 다양한 프로젝트를 수행하는 '전환 학년transition year' 제도를 운영하고 있다. 학생들은 최소한의 기본 수업만을 받고, 기업체에서 실습하거나 또는 여행하며 실질적인 경험을 쌓는다. 너희 학교가 학교 밖에서 실습할 기회를 제공하지 않는다면, 방학 기간에 스스로 그런 기회를 찾으라고 강력히 권하고 싶다.

일부 학교가 제공하는 일주일 간의, 이른바 '현장 실습work experience'은 현실 세계에 대한 형편없는 예고편에 불과할 수 있다. 조지 오웰George Orwell은 언제 어디에서 그렇게

많은 지혜를 배웠느냐는 질문에 "이튼 칼리지에서 방학 기간에"라고 대답했다. 맞는 말이다. 우리가 삶에서 알아야 할 많은 것은 학습되는 것이지 가르쳐질 수 있는 것이 아니다.

·ᴗ·

내가 상상하는 미래의 학교가 실현될 때까지 우리는 집에서 키플링의 작은 조력자들을 키워가는 수밖에 없다. 가정은 삶에 대해 배우는 실질적인 학교다. 그렇지 않다면, 그런 곳이 되어야 한다. 자녀의 학습에 대한 책임을 인내하며 떠안지 않거나, 이유를 이해하지 못한 채 그 책임을 학교에 위임하는 게 더 낫다고 생각하는 가정이 무척 많다. 우리가 학교에 지나치게 많은 것을 요구한다는 뜻이다.

또한 모순되게 들리겠지만 때로는 방치가 자급자족의 어머니일 수 있다. 참견하지 않고 내버려두면 어린아이들은 키플링의 여섯 조력자를 이용하는 방법을 신속하게 배운다. 그러나 '무엇'과 '왜'에 대한 의문은 자칫하면 아이

들을 잘못된 방향으로 끌어갈 수 있어, 이 경우에는 아이들에게 방향을 제시해줄 인도자가 필요하다.

언젠가 나는 인간의 삶에서 가장 중요한 세 가지 역할을 행하는 데는 자격증이나 정식 교육이 필요하지 않다고 말했다. 정치인의 역할, 관리자의 역할, 그리고 부모의 역할이 그것이다. 내 생각에 이 셋 중에서 가장 중요한 것은 부모의 역할이다. 못된 정치인과 무능한 관리자는 제거할 수 있지만, 아이들에게 노골적으로 물리적인 위해를 가하지 않는 한 기준에 못 미친다는 이유로 부모를 쫓아낼 수는 없기 때문이다.

곰곰이 생각해보면, 아이를 낳는 과정을 시작할 때 허락을 받을 필요가 없다는 게 이상하지 않은가? 그 아이가 적어도 18세가 될 때까지 국가 시스템에 부과되는 모든 부담을 비용으로 환산하면 거의 10만 파운드에 이른다. 너희가 그 과정을 시작하게 된다면, 의식하든 의식하지 않든 간에 키플링의 작은 여섯 조력자들을 자녀에게 가르쳐주기 위해 너희가 할 수 있는 모든 것을 다해야 한다. 제도적 기관은 제아무리 좋은 의도로 설립되었더라도 일상적인 간섭과 본보기 역할에서 부모를 완벽하게 대신할 수 없으

니 말이다.

더욱이 18세까지는 듣기보다 옆에서 보면서 대부분의 것을 배운다는 사실을 기억해야 한다. 부모로서 너희가 행하는 행동이, 너희가 입밖에 내는 말보다 더 중요하다. 자식이 태어난 첫날부터, 너희는 자식의 본보기다. 첫 아이를 갖는 날부터 이 사실을 명심하기 바란다.

끝까지 포기하지 않고 완주하면
모두가 승자다

삶과 마라톤의 공통점

삶은 단거리 경주가 아니라 마라톤 대회다.

나 이외는 누구도 나를 시험할 수 없다.

끝까지 포기하지 않고 완주하면 모두가 승자다.

지금도 뚜렷이 기억하는데 학기가 끝날 때마다 학급 명부라는 게 발표되었다. 그 명부에서 우리는 학과 성적에 따라 등급화되어 있었다. 나는 공붓벌레여서 대체로 꽤 좋은 성적을 받아 대부분 상위 3등 내에 들었고, 1등을 할 때도 많았다. 그러나 등수가 4등으로 떨어지면 문제가 커졌다. 한번은 훨씬 밑으로 떨어진 적도 있었다. 내 아래로 아직 12명 혹은 그 이상이 있다는 건 중요하지 않았다. 나는 실패했다. 물론 정말로 참혹하게 실패한 것은 아니었다. 그저 갑작스레 걱정스런 표정을 짓는 부모님의 기준에 실패한 것이었다. 부모님은 "괜찮은 거지? 뭐가 잘못되었을까? 엄마와 아빠가 선생님을 만나볼까?"라고 물었다.

그때마다 나는 "별일 아니에요. 몇 과목 시험을 망쳤을

뿐이에요"라고 대답했다. 그러나 나는 내심 걱정을 떨치지 못했다. 내가 뒤처지고 있다는 사실에 걱정했고, 선생님들이 실망할 거라는 생각에도 걱정했다. 나 자신에게도 그렇지만 선생님의 기대에 부응하지 못했다는 실망감에 다시 책으로 돌아와 열심히 파고들었다. 지금 그 시절을 돌이켜보면, 선생님들이 선택한 경주로에서 특정한 적수들과 맞서 거둔 성적으로 평가받는 것에 왜 그토록 만족했었는지, 그 이유가 궁금할 지경이다.

더 똑똑한 아이들과 경쟁했다면 훨씬 나쁜 성적을 거두었을까(당시 나는 곧 국가 시험에서 전국에서 모인 또래 아이들과 경쟁할 예정이었다)? 더 큰 무대에서 실패했다면 어떤 기분이었을까? 아예 다른 경주장, 가령 내 역량이 절대적으로 부족한 축구 경기장에서 경쟁이 벌어졌다면 나는 얼마나 치욕스런 성적을 거두었을까?

당시 나는 이런 생각도 했다. 삶은 경쟁의 연속일까? 그렇다면 제대로 해내지 못하더라도 많은 것을 배울 수 있는 힘든 경기에 참여하는 게 나을까, 아니면 승리할 확률이 상대적으로 높은 쉬운 경기에 참여하는 게 나을까? 궁극적으로 이런 투쟁적 경쟁의 목적은 무엇일까? 내가 승

리할 때마다 더 많이 배우겠다는 의욕을 북돋워주는 것일까, 아니면 승리자로서 안락함을 만끽하라고 독려하는 것일까? 반대로 내가 실패하면, 나에게 실패를 인정하고 앞으로는 더 잘하라고 자극하는 것일까, 아니면 포기하도록 유도하는 것일까?

이런 현상은 경쟁에 국한된 문제이지만, 경쟁은 학교에만 있는 것이 아니라 삶의 모든 부분에 존재한다. 경마에서는 상위권에 속한 극소수만이 중요하고, 나머지는 무의미하다. 경주는 등수를 정해야 하는 주최자에게 무척 효율적인 수단이지만, 경주마와 기수에게는 그렇지 않다. 대부분이 패자가 될 수밖에 없기 때문이다. 경험칙에서 그들에게 승리할 확률이 극히 낮다고 말하는 데도 그들이 계속 다른 경주에 참가하는 이유는 대체 무엇일까? 어쩌면 그들은 수준이 낮은 경주를 선택하는 게 합리적일 수 있다. 더 나은 성적을 거둘 확률이 높아지기 때문이다. 어쩌면 그들은 자신보다 뛰어난 사람들과 꾸준히 경쟁해야 실력이 향상될 것이란 믿음에서 자학을 즐기는 것일지도 모른다.

당신은 어느 쪽에 더 가까운가? 당신보다 나은 사람들

을 비교 대상으로 삼는가, 아니면 당신보다 뒤처진 사람들을 비교 대상으로 삼는가? 당신은 당신에게 적정한 수준의 경주에 참가하고 있는가?

자본주의 체제에서 한 국가의 경제는 전체적으로 경마에 기반을 두기 마련이다. 즉, 소비자와 자원을 차지하기 위해 경쟁하며 패자는 도태된다. 상위권의 소수가 계속 전리품을 취하고, 이런 현상은 전리품이 바닥날 때까지 계속된다. 전체적으로 볼 때, 점수를 올바르게 측정해 공정한 판단을 내리면 사회에는 이득이다. 하지만, 안타깝게도 시장은 항상 공정한 방향으로 움직이지 않는다. 그래도 최고의 품질과 가격으로 고객에게 최선의 서비스를 제공하는 기업이 결국 시장에서 승리할 것이라고 가정하면 위안이 될 것이다. 물론 대기업들이 담합해 가격을 낮춤으로써 중소기업들이 경쟁력을 상실하고 파산한다면, 시장은 불공평해진다.

온라인 소매점 아마존은 세계 최대 전자 상거래장이 되겠다는 야망을 공공연히 드러냈다. 그 목표를 달성하려고 가차 없이 가격을 낮췄고, 경쟁자들을 시장에서 몰아냈다. 아마존이 비즈니스 규모 덕분에 모든 것을 더 값싸게 제공

할 수 있는 것은 일부 사실이지만, 이처럼 이익에는 관심이 없고 총매출의 확대에만 몰두하는 기업과 경쟁하기는 무척 힘들다. 따라서 모든 시장에는 평평한 경기장에서 경쟁이 이루어지도록 견제하는 엄격한 법칙이 필요하다. 경쟁은 극악하게 악용될 수도 있으니 말이다.

୨୧

오래전에 기업용 컴퓨터 시스템을 설계해주는 컴퓨터 컨설팅 회사를 창업한 친구가 있었다. 당시 막 태동되어 주목받기 시작한 산업이어서, 그가 소프트웨어 엔지니어를 모집하는 광고를 냈을 때 수백 명이 지원했다. 그는 최적의 지원자를 선발하려고 자체적으로 멋진 적성 검사법을 개발했지만, 지원자 전부에게 적성 검사를 실시하려면 상당한 비용을 부담해야 했다. 결국 가장 가능성이 높은 소수의 심사 대상자를 선별하기 위해 학력고사 점수를 기준으로 삼았다. 그러나 그는 학습 능력이 코딩 역량이나 시스템 설계와 어떤 식으로든 관계가 있다는 증거가 없다는 걸 알고 있었다.

그래서 내가 물었다. "왜 그때 학력고사 점수를 기준으로 사용했나?"

"심사 대상자를 줄일 방법을 찾아야만 했거든. 신장이나 생년월일을 사용할 수도 있었겠지만, 학력고사 점수가 컴퓨터 설계 능력과 관계가 없더라도 그나마 사회적으로 용납될 수 있는 선별 방법이었거든."

내 친구가 장거리 장애물 경주에 필요한 선수를 선발하는 데 평지를 달리는 능력을 기준으로 삼았다고 비판할 사람도 있을 것이다. 하지만 안타깝게도 이런 일은 우리 삶 전반에서 무척 빈번하게 일어난다. 선착순이 입장권을 나눠주는 데는 효과가 있을지 모르지만, 최고의 직원을 뽑기 위한 방법이 될 수는 없지 않은가.

나는 '경마 경쟁horse-race competition'이 왜곡되고 남용되는 가능성을 염려했기 때문에, 다른 종류의 경주인 마라톤에 눈을 돌렸다. 앞서 달리는 선수들, 즉 우승과 입상을 벼르는 선수들에게는 마라톤도 경마와 비슷할 수 있다. 그러나 마라톤 대회에 참가하는 3만 명 남짓한 사람들에게, 마라톤은 축제인 동시에 자신과의 경쟁이다. 그들은 다른 사람을 어떻게든 이기려고 애쓰지 않는다. 그저 기록을 단축

하거나 자신의 인내심을 시험할 뿐이다. 자신과 경쟁해 본 인 스스로 더 나아지기를 바랄 뿐, 누군가를 꺾고 이기는 데 목적을 두지 않는 것이다. 마라톤은 많은 시간과 노력 이 필요한 경주이지, 짧은 순간에 힘을 쏟아야 하는 단거 리 경주가 아니다.

내 생각에는 마라톤이 삶에 더 가깝다. 우리는 자체적 으로 기준을 세우고, 그 기준을 넘어서려고 끊임없이 노력 한다. 더 많은 훈련, 그리고 친구와 가족의 응원이 기록 향 상에 도움이 된다. 물론 즐기면서 친구를 사귀려고 마라 톤 대회에 참가할 수도 있다. 마라톤 대회에 참가하면, 옆 에서 달리며 기록을 경신하려고 애쓰는 많은 사람을 만날 수 있기 때문이다.

또한 마라톤은 자기만의 페이스를 유지하며 달리는 그 자체에 만족할 수 있다. 또 동료들과 함께 달릴 수도 있고 혼자 달리는 쪽을 선택할 수도 있다. 게다가 마라톤 대회 는 매년 개최된다. 올해 크게 실패하면, 내년에 다시 시도 하면 된다. 삶은 마라톤처럼 장거리 경주다. 너희 자신 이 외에 누구도 너희를 시험하지 않는다. 끝까지 포기하지 않 고 완주하면 모두가 승자다.

삶을 마라톤이라고 생각하면, 온갖 종류의 경마 경쟁에서 벗어날 수 있다. 나는 40대 말에 경마 경쟁에서 빠져나왔다. 그때까지 나는 세 곳에서 일했고, 그중 가장 작은 조직에서는 최고 책임자 자리까지 올랐다. 그러나 그곳에서도 누군가가 여전히 내 위에 있다는 걸 깨달았다. 그 누군가는 지금도 여전히 존재한다. 이사회와 관재인들, 심지어 보람 있고 행복하게 일하며 하루하루 나아지기를 바라는 직원들도 그 누군가에 속한다. 개인적인 기대치를 갖고 목표를 설정하는 사람들이 항상 주변에 있기 마련이다. 이런 이유에서 나는 조직 생활을 끝내기로 결정했다. 그때부터 목표를 세우고, 나만의 마라톤을 시작했다. 전적으로 내 책임이었다.

※

나는 독자적으로 일하는 작가이자 강연자가 되었다. 쉽지 않았다. 첫 주에 나는 작은 사무실을 차리고 미결 서류함과 기결 서류함을 갖춰두었다. 하지만 닷새가 지난 후에도 미결 서류함에 아무것도 없었다. 그때야 문득 깨달았

다. 그때까지 내가 주로 다른 사람들의 요구와 욕구에 대응하며 살아왔다는 것을! 일거리가 나에게 주어졌던 것이다. 하지만 그때부터는 내가 주도적으로 일거리를 찾아나서야 했다.

어려웠다. 새로운 접근법이 필요했다. 내가 주도적으로 만들지 않는 한, 일거리가 저절로 생길 가능성이 없었다. 나를 대신해 내 책을 써줄 사람은 어디에도 없었다. 나에게 책을 써달라고 요청할 사람도 없었다. 책을 쓰는 일은 내가 모든 것을 스스로 결정하고, 힘든 일을 시키는 엄격한 감독 역할까지 도맡아야 하는 작업이었다. 마감 시간을 직접 결정하고, 하루의 일과표도 직접 짜야 했다. 적어도 초고를 완성할 때까지는 휴일도 주말도 없이 시골에 틀어박혀 지내야 했다. 그래도 나 자신이 일을 시키는 사람이었고 내가 일과표를 짰기 때문에 압박감을 느끼지는 않았다. 나만의 마라톤을 달리는 셈이었다. 이윽고 세월이 흘러 드디어 한두 권을 책을 발표하니 더 많은 마라톤이 기다리고 있었다.

삶이란 마라톤은 결코 쉬워지지 않는 법이다. 지금도 나는 작업 하나를 끝내면 서둘러 다른 작업을 시작한다. 마

라톤을 정말 좋아하는 사람들은 마라톤이 강박적이란 걸 인정하지만, 자신의 의지로 달리기에 항상 즐겁다고 말한다.

경쟁적인 경주도 젊은 시절에는 재밌다. 다른 사람들을 상대로 너희 능력을 시험하는 방법이니 말이다. 특히 너희가 다양한 분야에서 경쟁하기로 마음먹은 때에는 더더욱 그렇다. 하지만 너무 자주 패배하면 좌절감에 빠지고, 쉽게 승리하면 경쟁이 따분하게 느껴진다.

나는 성공한 기업가를 많이 만났다. 안타깝게도 그들 중에는 성공의 덫에 갇혀버린 나머지 경쟁을 멈추면 너무 많은 것을 잃게 될 사람이 한둘이 아니었다. 이제야 깨달았지만 나도 더 일찍 경쟁에서 벗어나, 동료들이 아니라 나 자신과 경쟁하는 쪽으로 방향을 돌렸어야 했다. 그러나 당시에는 누구도 마라톤을 뛰지 않았다. 다행히 요즘에는 마라톤을 뛰는 사람이 여기저기에서 눈에 띄는 듯하다.

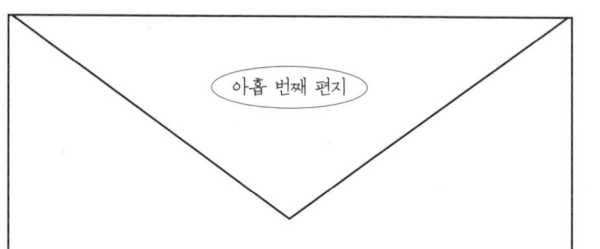

아홉 번째 편지

우리는 생계를 위해 일하지만
일 이상의 존재다

자기 인생을 정의하는 법

내가 하는 일이 '나 자신'은 아니다.

삶에서 행한 그 어떤 역할로도 자신을 정의하지 마라.

오래전 우리 부부는 어느 한 해의 일부를 이탈리아에서 보냈다. 그곳에 정착해 수개월이 지났을 때 한 친구가 우리에게 '유스타비족族'을 만난 적이 있느냐고 물었다. 우리는 "아니요, 그들이 누군데요?"라고 되물었다. 이는 어떤 특정한 사람을 지칭하는 말이 아니었다. 유스타비족은 누군가로부터 어떤 일을 하느냐는 질문을 받으면 "어, 옛날에는⋯⋯" 하고는 은퇴해서 이탈리아에 살려고 오기 전에 했던 일을 늘어놓는 사람들을 가리키는 신조어였다. 안타깝게도 여전히 그들은 과거의 삶에서 행한 역할로 자신들을 정의하고 있었다.

물론 그런 태도는 애당초 우리 세대의 잘못이다. 우리는 우리 자신을 그런 상자, 즉 직업이나 역할의 상자에 쑤셔 넣지 말았어야 했다. 하지만 생전 처음으로 만나는 사

람을 파악하려고 할 때 그 방법은 상당히 유혹적이다. 개들이 처음 마주치면 킁킁대며 서로 냄새를 맡듯이, 우리도 주변을 맴돌며 상대를 가늠할 단서를 찾는다. 특히 우리는 어떤 직업과 관련된 정형화된 생각으로 상대를 쉽게 규정하곤 하는데, 그 짐작이 틀릴 때가 많다. 예컨대 회계사는 따분하고, 수학자는 지능적으로 자신의 이익을 따지고, 정치인은 기만적이고, 사업가는 탐욕스럽다고 여긴다. 우리가 새로운 지인과 말을 섞으며 대화하기도 전에 그를 편견으로 판단하는 것은 불공평하기 그지없지만, 안타깝게도 우리는 그렇게 섣불리 판단을 내려버린다.

최근에 한 친구가 우리 동네에 새로 이주해온 사람을 만나보았느냐고 물었을 때 나는 새삼스레 새로운 교훈을 얻었다. 그 친구는 "자네라면 그를 좋아할 거야. 얼마 전에 은퇴했다는데 새로운 재밋거리를 찾으면서 새로운 친구를 사귀고 있다더군" 하고 말했다.

내가 물었다. "전에 어떤 일을 했다고 하던가?"

내 친구는 어리둥절한 표정으로 "모르겠는데. 그게 중요한가?"라고 되물었다.

"아니, 그렇지는 않아."

아홉 번째 편지

나는 이렇게 대답했지만 약간 부끄러웠다. 나는 누군가를, 그가 했거나 해온 일, 즉 과거와 현재의 직업으로 규정하는 관습을 그토록 비난해왔건만, 어느 순간 나 자신이 그렇게 하고 있던 것이다.

건축가가 되면 건축가가 평생의 이름표가 된다. 너희는 건축을 좋아해서 건축물을 설계하는 자체로 행복할 수 있지만, 모두가 그런 이유에서 이름표가 붙여지는 것에 만족하지는 않을 것이다. 직업은 일종의 징역형 선고처럼 평생 너희를 뒤쫓아 다니며 괴롭힐 수 있다.

우리는 생계를 위해 일하지만, 일 이상의 존재다. 내 아내는 사진을 연구하며, 사람들에게 다섯 가지의 물건과 한 송이의 꽃으로 자신의 삶을 표현해달라고 요청하는, 무척 흥미로운 연구를 진행한 적이 있었다. 깊이 생각할 수밖에 없는 요구였다. 너희도 시도해보라. 대부분은 다섯 가지 물건에 사랑하는 사람, 즉 배우자나 가족을 상징하는 것을 포함할 것이다. 또 어린 시절과 부모님을 연상시키는 것, 음악이나 요트 타기 혹은 독서처럼 좋아하는 취미를 떠올려주는 물건도 포함할 것이다.

아내의 관찰에 따르면, 흥미롭게도 직업과 관련된 것은

거의 선택되지 않는다고 한다. 내가 석유회사에서 일할 때 중요한 관리직을 맡은 한 젊은 여성에게 그 말을 전했을 때 그녀는 "맞아요, 관리는 내가 하는 일이지, 내가 아니잖아요. 언젠가 내가 하는 일이 나 자신의 일부이기도 한 날이 오면 좋겠어요"라고 대답했다. 맞는 말이었다. 그녀가 야심적인 젊은 여성이었기 때문에 나는 그 대답에 깊은 인상을 받았다. 아니나 다를까 수년 후 그녀는 석유회사를 퇴사하고, 등반대를 이끄는 산악인이 되었다. 그녀가 자신의 사진을 찍기 위해 다섯 가지 물건을 선택한다면 적어도 두 가지는 자연과 관련이 있을 것이다.

아내는 이 실험을 한 젊은 기업가에게 시도한 적이 있었다. 그가 가장 먼저 선택한 물건은 달러로 빼곡히 채워진 자신의 지갑이었다(당시 우리 부부는 미국에 있었다). 그는 지갑을 주머니에서 꺼내 탁자 한가운데에 털썩 내려놓으며 말했다. "이놈이 바로 나입니다. 나는 누가 뭐라고 말해도 사업가입니다." 그러고는 잠시 말을 멈추고 탁자 위에 놓인 지갑을 물끄러미 쳐다본 후에 다시 말했다. "아닙니다. 잘못 말했습니다. 돈은 중요하지 않습니다. 제대로 물건을 만들어 세상 사람들의 삶을 바꿔놓는 게 내 꿈입니다."

개인적인 바람이지만, 나는 그 순간 그가 자신이 경영하던 기업의 우선순위와 문화까지 바꾸었을 것이라 믿고 싶다. 사업가로서 주주를 더 부자로 만들어주려는 생각에 몰두하고 있었을 그가, 직원 모두가 믿을 만한 무엇인가를 제시한 적이 그 이전에 있었겠는가?

겉으로 드러낸 적은 없지만 나 자신도 그런 의문을 품은 적이 한두 번이 아니었다. 주주가치의 제고가 임원급 아래의 직원들에게 의욕을 북돋아줄 수 있다고? 경영자들이 정말 그렇게 생각할까? 생면부지를 부자로 만들어주려고 일하는 것은 의협적이고 박애주의적인 행위이거나, 아니면 멍청한 짓에 불과하다. 어느 쪽이든 기업을 운영하는 데 정상적인 행위는 아니다.

하지만 너희가 일에 점점 더 깊이 몰두할수록, 직업이 삶까지 지배할 가능성이 커진다. 직장의 요구에 깨어 있는 시간을 몽땅 투자하기도 할 것이다. 오히려 그렇게 할 때 더욱더 성취감을 느끼기 때문이다. 내가 경영대학원의 교수로 임용된 후에 맡은 첫 임무는 중견 경영자를 위한 새로운 교육 프로그램을 고안하는 것이었다. 그 강의에 처음 등록한 18명은 나에게 무척 중요했다. 그 프로그램의 성

공 여부와 내 미래는 그들의 성공에 달려 있었다. 나는 그들 모두에게 관심을 두어야 했다. 여하튼 그때는 그렇게 생각했다.

그래서 나는 아이들이 깨기 전에 집을 나왔고, 아이들이 잠든 후에야 집에 돌아왔다. 주말에는 녹초가 된 몸을 이끌고, 다음 주 강의를 준비해야 했다. 약간의 위안을 얻기 위해 서재에 틀어박혀 지내기도 했다. 아내가 불평하면 나는 아내와 아이들을 위해 열심히 일하는 것이라고 변명했다. 또 가족을 위해서라도, 가족에게 필요한 것을 제공하기 위해서라도 내가 성공해야 한다고 말했다. 그러나 아내는 내 변명을 곧이곧대로 받아들이지 않았다. 지금도 뚜렷이 기억하는데, 그때 아내는 나의 좋은 면을 보려면 더 나아가 내 얼굴이라도 제대로 보려면, 내 학생이 되어야 하겠다며 나랑 결혼했지 런던경영대학원이랑 결혼한게 아니지 않냐고 쏘아붙였다.

다행히 나는 너무 늦지 않게 제정신을 되찾았다. 나는 부부 중 하나, 혹은 둘 모두가 부부라는 존재보다 일을 우선시한 탓에 파경에 이르는 경우를 자주 보았다. 물론 하루도 쉬는 날 없이 일하고 끝없이 출장을 다녀야 하는 상

황에서 업무를 떠나 개인적으로 충분한 시간을 갖고, 또 자유롭고 완전한 자아를 찾기는 어렵다. 모두가 직장에서나 집에서나 똑같은 사람이라고 생각하고 싶겠지만, 현실은 그렇지 않아 우리를 놀라게 한다.

꽤 성공한 친구 하나가 '자녀를 직장에 데려가는 날'에 자신의 딸을 사무실에 데려간 적이 있다. 시간이 지난 후 나는 친구의 딸에게 그때 기분이 어땠느냐고 물었다. 그 아이는 "이상했어요. 커다란 책상 뒤에 앉은 사람은 아빠가 아니라, 내가 전에는 본 적이 없는 사람 같았어요"라고 대답했다.

삶의 영역에 따라 우리는 필연적으로 우리가 가진 다른 모습을 드러내기 마련이다. 그런 이유로 우리의 모든 면면을 드러낼 수 있는 충분한 공간을 확실히 확보하는 게 중요하다. 냉정하게 말하면, 우리는 우리 생각만큼 직장에서 대단한 혹은 자주 필요로 하는 존재가 아닐 수 있기 때문이다. 물론 때때로 직장은 집보다 더 재밌고 신나는 공간이기도 하며, 우리 자신의 힘으로 직장을 더 좋게 만들 수 있다고 생각할 수도 있다. 그러나 너희가 가족을 꾸리는 단계에 이르렀을 때, 반드시 기억해야 하는 것들이 있다.

나는 그 단계에 들어섰을 때 폴 에반스[Paul Evans]와 페르난도 바르톨로메[Fernando Bartolomé]가 쓴 《성공은 항상 큰 대가를 치러야 하는가?[Must Success Cost So Much?]》라는 책에서 큰 영향을 받았다. 자신의 삶을 어떻게 생각하는가에 대해 고위 중역들과 나눈 인터뷰를 정리한 책인데, 그들의 대답은 책 제목에 고스란히 압축되어 있다. 그들 모두는 자녀들이 성장할 때, 즉 아버지나 어머니가 가장 필요했던 때 가족과 함께 시간을 거의 보내지 못한 것을 한목소리로 후회했다.

　　　　　　　　　　　※

요즘에는 주말이 사라지고 있다. 일에서 벗어나 휴식을 취하는 시간이던 주말이 기술로 말미암아 산산조각나고 있다. 병원과 교도소, 항공사만이 휴식도 없이 연중무휴로 일하는 게 아니다. 우리 모두 그렇게 일할 수 있고, 실제로 많은 사람이 주말 없이 일하고 있다.

하지만 과거에 주말이 존재한 데는 다른 이유가 있었다. 종교에 따라 다르지만 일요일이나 토요일 혹은 금요일에는 쉬었다. 하느님조차 일곱 번째 날에 휴식을 취하며, 주

중에 한 일을 돌이켜보았다. 그러나 대다수의 우리와 달리, 하느님은 "자신이 만든 것을 보고 좋아했다."

하느님의 처신이 옳았다. 옛 속담에서도 일만 하고 놀지 않으면 바보가 된다고 하지 않았던가. 물론 우리에게 놀이만 필요한 것은 아니다. 앞의 편지에서도 말했듯이, 학습은 여기저기에서 도움을 받아 조용히 이해되는 경험이다. 우리에게는 지난 주나 지난 달에 무엇이 제대로 진행되었고, 무엇을 다른 식으로 했더라면 더 좋았을 것이라고 돌이켜보는 시간과 공간이 필요하다. 이런 반추가 없다면 우리는 변하지도 더 나아지지도 않을뿐더러 우리가 될 수 있는 그 어떤 것도 결코 이뤄낼 수 없을 것이다.

너희에게는 휴식과 반추를 위한 규칙적인 습관이 필요하다. 문제는 이제 그런 습관을 스스로 만들어내야 한다는 것이다. 누구도 너희를 대신해, 너희가 지켜야 할 습관을 만들어줄 수 없다.

과거에는 대부분이 일주일에 닷새, 휴가를 제외하고 1년에 47주를 일했다. 그럼 1년에 235일을 일하고, 121일은 휴식과 놀이, 반추를 위한 날이 된다. 121일을 어떻게 분배하느냐에 따라 습관이 결정된다. 일주일 중 하루를 휴식

하고, 나머지 70일 정도는 반추와 학습에 할애할 수도 있다. 혹은 그 비율을 조절해서, 가족과 함께하는 시간과 놀이에 더 많은 시간을 할애할 수도 있다. 휴식일이 반드시 일요일이어야 할 필요는 없다. 오히려 일요일이 방해를 받지 않고 일할 수 있는 가장 조용한 날이라 생각하면 금요일을 친구들과 만나고 교양을 쌓는 날로 정할 수 있다. 결국 중요한 것은 우리의 욕구와 선택이다. 우리에게 방향을 제시해주는 사회적 관습이 없다면, 스스로 결정한 기준을 자신에게 적용해야 한다.

내 습관은 아침 식사 전 40분 동안 산책하는 것이다. 거의 언제나 집 맞은편에 있는 숲을 거닌다. 몸의 건강을 지키는 데도 도움이 되지만, 더 중요한 것은 정신을 맑게 유지하는 데도 도움이 된다. 나는 그 산책을 '아무 데도 가지 않는 행위'라고 생각한다. 나는 하루 대부분을 어딘가에 가거나 무엇을 하는 데 사용한다. 하지만 아침 산책에서는 아무런 목적지 없이 그저 걸을 뿐이다. 한 친구의 표현을 빌리면 '만유漫遊'다. 아침을 맞아 가장 좋은 상태인 자연은 위안을 줄 뿐아니라, 아무런 판단을 내리지 않고 어떤 실수도 모두 용납한다. 어디를 둘러봐도 내 말이 맞

다는 걸 확인할 수 있을 것이다.

자연은 경이로운 동반자다. 나는 산책할 때 마음의 문을 활짝 열고 그날의 일과를 미리 생각해보며 지나간 날들을 되짚어본다. 그러고는 사소한 일상을 초월해서 앞으로 내가 우선적으로 처리해야 할 일들까지 살펴본다. 그때마다 다른 사람의 일 때문에 내 하루 일과가 결정되는 경우가 많다는 사실을 확인하고, 이런저런 일에 참견하며 모든 부탁을 들어주려는 본능적 성향이 내 삶을 온통 차지하지 않도록 해야겠다고 새삼스레 다짐하게 된다.

내가 산책을 세상으로부터 벗어나는 수단이 아니라 우선순위를 재정립함으로써 삶의 주도권을 되찾는 수단으로 생각한다는 것이 다를 뿐, 내 아침 산책을 일종의 '걷기 마음챙김'이라 말할 사람도 있을 것이다. 이를 위해 나는 일반적인 작업 공간에서 벗어나, 키보드를 딸깍이는 소리가 바람에 나뭇잎이 살랑이는 소리와 새가 지저귀는 소리로 바뀌고, 호흡이 달라지는 공간으로 이동해야 한다.

내 친구 데이비드 펄David Pearl은 '스트리트 위즈덤'이란 사회적 기업을 창업했다. 펄은 물론이고, 그 웹사이트에 접속한 사람이면 누구나 서로를 특정한 시간과 장소에서

만나는 모임에 초대한다. 그들은 그렇게 모인 후에 길거리를 두 시간 정도 걸으며 주변에서 일어나는 현상을 말없이 관찰하고, 원하면 서로 이야기를 나누면서 다채롭고 풍요로운 삶에 대해 반추한다. 그러고는 그 시간이 각자에게 미친 영향에 대해 함께 토론하는 시간을 갖는다. 모든 것은 무료이고, 세계 전역의 크고 작은 도시에서 이런 모임이 활성화되고 있다. 사람들은 산책이 제공하는 이 단순한 구조를 좋아하는 게 아닐까 싶다.

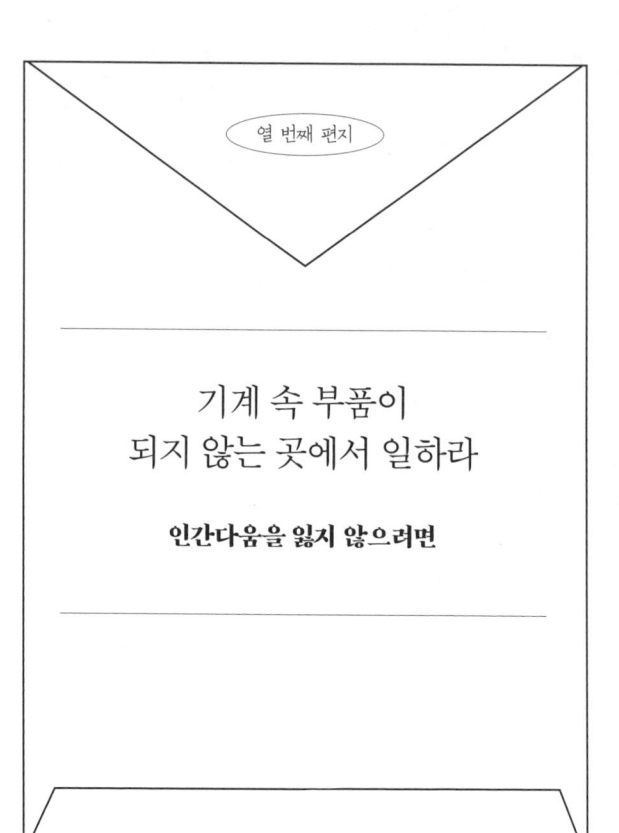

열 번째 편지

기계 속 부품이
되지 않는 곳에서 일하라

인간다움을 잃지 않으려면

나다움 또는 인간다움을 유지하려면

어느 정도 규모의 조직에서 삶을 영위해야 하는가?

스스로 조절하고 통제할 수 있는

조직의 규모는 어느 정도가 적합한가?

1973년 독일계 영국 경제학자 에른스트 슈마허는 《작은 것이 아름답다》라는 책을 발표했다. 편집자의 탁월한 영감이 돋보인 제목이었지만, 책의 주된 요지는 '인간 중심의 경제학'이란 부제에 담겨 있었다. 3년 후 나는 조직을 주제로 쓴 내 책에 그 부제에서 착안한 '인간 중심의 경영'이라는 제목을 붙이고 싶었다. 내가 말하려고 했던 핵심 메시지는 사람이 중요하다는 것이었다. 나는 그 책을 쓰면서 사람이 정말 중요하다면 모두가 서로에 대해 잘 알 수 있는 상황에서 얼마간이라도 함께 일해보는 것이 더 낫다는 걸 깨닫게 되었다. 한 번도 만난 적이 없는 사람을 어떻게 신뢰하고 의지할 수 있겠는가? 따라서 우리에게는 최적의 상태에 있는 인간적인 규모의 조직이 필요하다. 일을 제대로 해내려면 필수적이지

는 않더라도 작은 것이 더 낫다.

　내가 이렇게 생각하게 된 데는 직접적인 경험에서 받은 영향이 컸다. 나는 대학을 졸업하고, 처음 7년을 다국적 석유회사 셸의 해외 지사에서 일했다. 처음에는 싱가포르에서, 그 후에는 말레이시아에서 근무했다. 당시 셸의 기준에서 그 지사는 작은 규모였다. 회사company로 불리기는 했지만, 그 명칭이 적절했는지도 모르겠다. 마음에 맞는 동료companion들이 모인 곳으로 느껴졌기 때문이다. 일을 함께하는 가족 같은 분위기였다. 우리는 서로를 배려했고, 진짜 가족처럼 서로에 대해 잘 알았다.

　그 후 나는 런던으로 복귀해 셸 그룹의 본사에서 근무했다. 본사에서는 템스강이 내려다보이는 사무실을 동료인 제리와 함께 사용했다. 어쨌거나 제리는 내가 본사에서 깊이 알게 된 유일한 사람이었다. 다른 사람들은 그저 직원에 불과했다. 우리가 누군가를 직원으로 생각한다는 것은 공적인 업무로만 얼굴을 마주본다는 뜻이다. 그들의 인간다운 특성이 무엇인지 모르고, 그런 것에 신경 쓰지도 않는다. 개개인의 인간다운 면은 공식적인 직함과 직무 뒤에 감추어진다. 경찰 같은 공직자가 흔히 제복을 입는 이

유는 사사로운 개인이 아니라 공무의 집행자라는 걸 보여주기 위한 것이다.

셸의 직원들은 제복을 입지 않았지만, 회색 양복에 넥타이를 매야 한다는 불문율이 있었다. 이렇게 개인을 지워냈고, 직책 뒤에 '사적 자아private self'를 감추었다. 사무실 문에 부착된 큼직한 놋쇠판에는 우리가 속한 작은 부서의 공식적인 명칭 'MKR/35'가 새겨져 있었고, 그 아래로 우리 이름이 인쇄된 명함이 들어갈 만한 작은 구멍 두 개가 자리하고 있었다. 그 구조가 지닌 의미는 분명했다. 중요한 것은 부서이고, 담당자의 이름은 언제든 교체될 수 있다는 뜻이었다.

우리는 제리나 찰스가 아닌 MKR/35라는 이름으로 다른 부서에 편지나 제안서를 써야 했다. 제리는 이런 관습을 괘념치 않는 듯했지만 나는 썩 달갑지 않았다. 내가 내가 아니라 '일시적인 역할 담당자—개인보다 직무를 더 중요하게 여기는 관료 체제의 전형을 보여주는 비인격적인 단어—'에 불과했다. 런던 본사에서 나는 가족의 일원이 아니었다. 조직이라 일컬어지는 복잡한 네트워크의 한 조각, 일을 조직적으로 수행하는 기계의 부품에 불과했다. 나는

그렇게 기계의 부품으로 일하는 게 즐겁지 않았다.

당연한 말이겠지만, 세계 전역에서 다양한 석유 제품을 생산하고 유통하는 일은 무척 복잡했다. 따라서 셸의 모든 업무는 규칙과 절차에 따라 체계적으로 진행될 필요가 있었다. 물론 나는 그런 시스템이 마음에 들지 않았다. 그 시스템의 작은 일부인 내게 '직무기술서role description'가 주어졌는데, 내가 해야 할 일을 자세히 나열한 세 페이지 분량의 설명서였다. 특히 마지막 줄에는 "자신의 책임으로 최대 10파운드까지 지출할 권한이 있음"이라고 쓰여 있다. 내 창의성과 자주성의 한계가 10파운드라는 뜻이었다. 그들이 나를 신뢰하는 정도로도 해석되었다. 내 눈에는 말도 안 되는 숫자였다.

나는 수년 후에 책을 발표했는데 미니애폴리스의 조각공원에서 보았던 어느 조각의 이름을 따서 《텅 빈 레인코트》라는 제목을 붙였다. 그 제목은 대기업처럼 대규모 조직이 조직원들을 보는 시각을 상징했다. 조직원들은 내부에 들어올 수 없는 외부인이었고, 비유해서 말하면 거대한 체스판에서 게임이 진행됨에 따라 이리저리 옮겨지는 졸Pawn과 다를 바가 없었다.

오늘날 좋은 소식은 그런 직종 대다수가 더 이상 존재하지 않는다는 것이다. 새로운 기술이 그 역할을 대신하고 있으며, 이론적으로 인간은 필요하지 않게 되었다. 그런 직종이 사라진 걸 누구도 아쉬워하지 않는다. 내가 그랬듯이, 너희도 내가 했던 일을 결코 즐겁게 해내지는 않았을 것이다. 하지만 대규모 조직은 어떤 형태로든 앞으로도 계속 존재할 것이고, 그에 따른 문젯거리는 여전할 것이다. 인간은 가장 잘하는 분야, 예컨대 무엇인가를 최대한 합리적이고 창의적이며 효율적으로 해내기 위해 여러 가지를 결합해야 하는 분야에만 고용될 것이다. 인간이 더 잘하는 분야에 기술이 이용되지는 않을 것이고, 반대로 기술이 더 효율적으로 해내는 분야에 인간이 동원되지도 않을 것이다.

우리 사회를 면밀히 살펴보면 의견 충돌이 있더라도 가족끼리는 잘 뭉친다. 가족들로 구성된 마을의 결속력도 끈끈한 편이다. 대도시는 마을이 모인 집합체고, 마을은 가

족이 모인 집합체다. 휘그당 출신의 위대한 보수주의 정치인이자 철학자 에드먼드 버크$^{Edmund Burke}$가 말했듯이, '작은 소대$^{small platoon}$'들이 사회를 구성한다. 그의 말이 맞았다.

왜 마을과 소대가 큰 조직보다 나을까? 마을과 소대가 인간적인 규모이기 때문이다. 이 정도의 크기에서 너희는 톱니바퀴가 아니라 사람이 될 수 있다. 영국 인류학자 로빈 던바$^{Robin Dunbar}$ 교수는 초기 사회부터 현대까지 다양한 인간 집단을 오래전부터 연구해왔고, 그 결론으로 150이란 '던바 숫자$^{Dunbar's number}$'를 고안했다. 그의 주장에 따르면 "우리가 개인적으로 알고 서로 신뢰하며, 정서적 친밀감을 느낄 수 있는 구성원의 최대수고 …… 우리가 종으로 존재할 때부터 그 숫자는 150"이라고 한다. 내가 다른 편지에서 말했듯이 인간은 변하지 않는다.

내 경험에 따르면 150이란 숫자는 약간 과장된 듯하다. 오히려 나는 던바 연구의 다른 결론, 우리의 친밀도가 3배수로 증가한다는 결론을 더 신뢰한다. 우리가 친밀하게 알고 무조건적으로 신뢰할 수 있는 사람, 즉 마음을 터놓을 수 있는 단짝 친구는 5명 정도에 불과할 수 있다. 함께 있으면 항상 즐거운 사람의 수는 15명, 가끔 만나거나 한 지

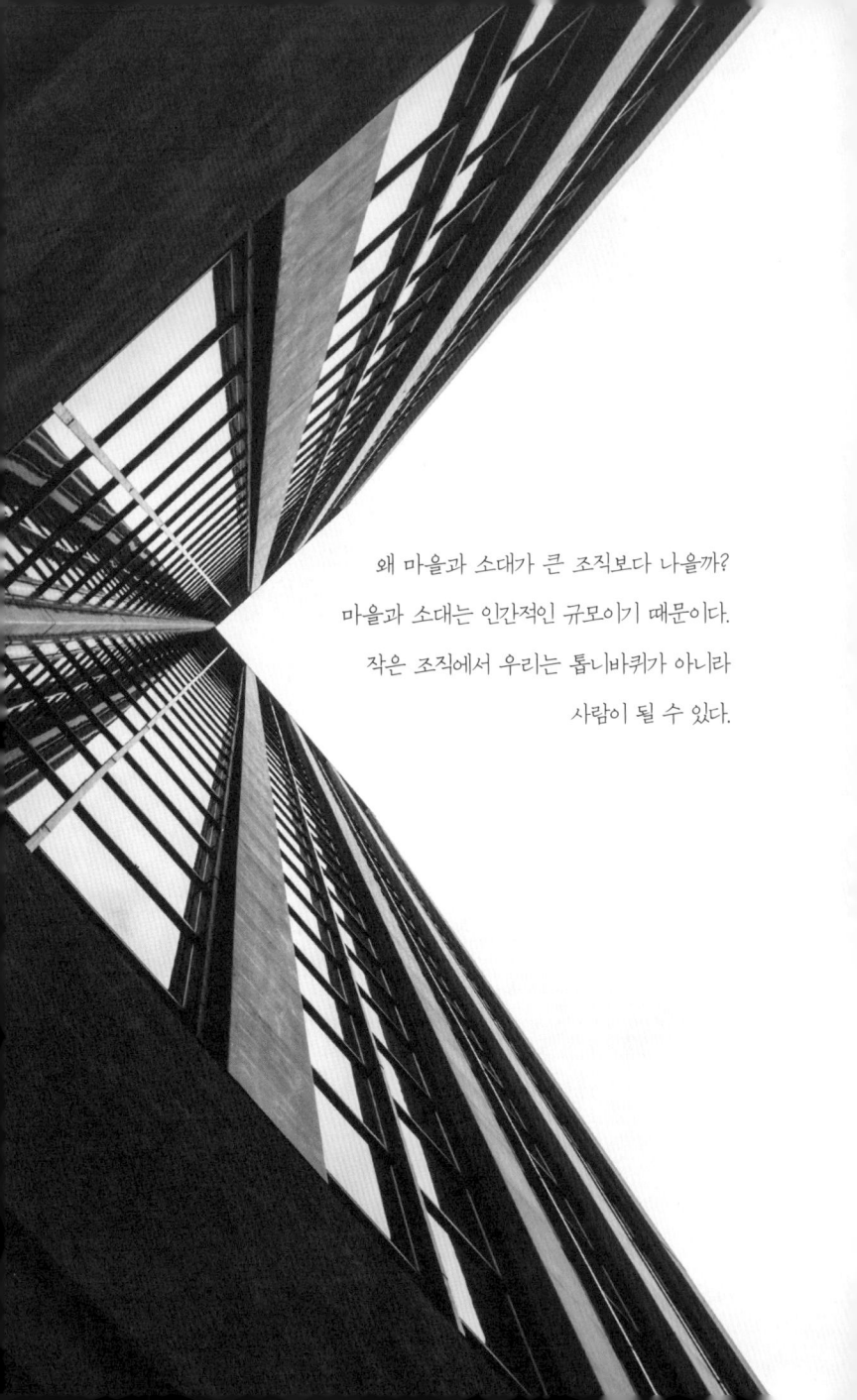

왜 마을과 소대가 큰 조직보다 나을까?

마을과 소대는 인간적인 규모이기 때문이다.

작은 조직에서 우리는 톱니바퀴가 아니라

사람이 될 수 있다.

봉 아래에서 함께 일하는 사람의 수는 45명, 크리스마스 카드를 교환하거나 페이스북 친구가 되어 언제든 접촉하고 싶은 사람의 수는 135명이다.

개인적인 경험에 따르면 직무 조직이 최적의 효율을 발휘할 수 있는 최대 규모는 45명이다. 따라서 어떤 경영자가 자신의 기업이 100명까지 성장했다고 말한다면 나는 경고할 것이다. "조심하십시오. 이제부터 당신의 기업은 전문화를 도입하고 부서를 구분하기 시작할 겁니다. 그럼 더 관료화될 것이고, 기계처럼 변해갈 겁니다"라고 말이다.

물론 대규모 조직이 필요하기는 하다. 여느 때보다 세계가 하나의 큰 시장으로 변해가고 있기 때문이다. 셸 같은 석유회사, 자동차 제조회사, 제약회사, 철강회사 등은 업무를 제대로 운영하기 위해 많은 직원을 고용해야 한다. 페이스북 같은 신흥 거대 기업들도 모든 직원의 일사분란한 참여가 있어야만 제대로 작동한다. 게다가 경쟁 기업이 등장하면 곧바로 그 기업을 삼켜버린다. 승자가 이익을 독차지하기 때문이다. 중국과 이란은 해외 대기업으로부터 자국 경제를 보호하려고 애쓰지만, 결국에는 기술이 틈새를 파고들 것이다. 나는 큰 것이 우리 삶의 일부가 될까 두렵다.

그렇다면 도시에 비유되는 이런 거대 조직들이 새로운 정보 통신 기술로 긴밀하게 연결되는 마을들의 집합체로 재구조화될 수 있을까? 거대 조직이 새로운 세대에서 가장 똑똑한 인재들을 끌어들이고 싶다면, 지금이라도 그런 분화를 시작해야 할 것이다. 너희 세대도 오래전에 피라미드형 조직에 들어가, 그곳의 계급 구조를 한 단계씩 올라가고 있을 것이다. 그러나 이미 많은 이가 전통적인 피라미드형 조직을 외면하고 있다. 노동 세계도 작은 것이 더 낫다는 걸 조금씩 깨달아가고 있는 것이다.

물론 그런 조직은 이미 존재한다. 신생 기업은 작게 시작해서 성공할 때까지 작은 규모를 계속 유지한다. 또한 대규모 조직도 소형화를 추진하고 있다. 예컨대 중국의 하이얼은 7만 명 이상을 고용하고 있다. 엄청난 규모다. 하이얼은 냉장고와 오븐 등 백색가전 등을 산업화된 규모로 대량 생산하는 가전 기업이다. 그러나 하이얼의 주축은 2,000개의 자율적 팀이다. 각 팀은 7~10명으로 구성되고, 자체적으로 업무 방식을 결정한다. 어떤 팀이든 업무 효율을 개선하거나 매출을 크게 증가시키면, 절약한 예산이나 이익의 일부를 보장받는다.

나는 연방 원칙federal principle이 기업이나 정치 조직에서 하부 조직을 작게 유지하면서, 조직 전체를 크게 키우는 가장 좋은 방법이라고 굳게 믿는다. 그러나 영국인들은 연방주의를 격렬히 반대한다. 연방주의가 미국부터 호주까지 그리고 과거 식민지들과 독일처럼 패전한 적국들이 채택한 정치 제도인데다 낯설기 때문이다.

영국인의 두려움에도 불구하고, 연방주의는 중앙집권제가 아니다. 오히려 그 반대다. 연방주의의 지배적인 원칙은 '보완성subsidiarity'이다. 보완성은 대부분의 권한을 조직의 작은 단위들에 두고, 작은 단위들에 비해 더 잘할 수 있는 것만을 중앙에 위임하는 원칙이다. 이런 점에서 보완성이란 명칭은 정반대의 위임을 뜻하는 것처럼 해석되는 추악한 용어라 할 수도 있다.

연방주의는 작은 마을들로 이루어진 도시가 원만하게 작동할 수 있는 유일한 방법이다. 너희가 정치에 관심을 갖게 된다면, 미국 헌법을 제정한 건국의 아버지들이 쓴 시론들을 모아 편집한 《연방주의자 논집》을 보라. 읽어볼

만한 가치가 있다. 여하튼 미국이 그 논집에 담긴 사상을 충실히 따름으로써 지금까지 상당히 잘해냈다는 것은 인정해야 할 것이다.

지금 우리 가족은 런던 변두리에 있는 빅토리아풍의 커다란 주택에서 살고 있다. 1890년에 건축된 것으로, 하인들을 거느리고 살던 가족을 위해 지어진 주택이다. 주인 가족은 주택 전체를 차지했고, 하인들은 다락방과 지하실, 혹은 본채와 떨어진 마차 보관소에서 지냈다. 그들 모두가 하나의 조직을 이루었다. 가족과 관련된 모두가 이렇게 함께 살았고, 가장을 필두로 책임에 따른 계급이 있었다.

현재 이 주택에는 여덟 채의 셋방이 있고, 각 셋방의 거주자들은 분리되고 독립된 삶을 살아간다. 내 계산이 맞다면, 1890년에도 지금과 똑같은 수의 사람이 살았을 것이다. 내 생각에 이 집은 미래의 조직을 대변하는 듯하다. 겉으로는 예전과 똑같이 하나의 커다란 집으로 보이지만 내부적로는 몇몇 시설을 공유해 사용하더라도 기본적으로 독립된, 작지만 긴밀히 연결된 집단들로 구성되었기 때문이다.

요즘 젊은이들도 조직에서, 가령 기업체나 정부 기관 혹

은 자선 단체에서 사회생활을 시작한다. 사회에 첫발을 내딛을 때는 기존 조직을 선택하는 게 합리적이다. 나는 그런 조직이 일을 배우기 위한 대학원이라 생각한다. 일에 필요한 규율, 절차와 시스템, 그리고 생산만큼 판매도 중요하다는 사실을 배우고, 어떤 숫자가 중요한지 깨우치며, 의지할 수 있는 사람을 알아보는 능력을 키울 수 있기 때문이다.

하지만 큰 조직에서 일하다 보면 십중팔구 너희는 작은 조직의 친밀감이 그리워지고, 진취성을 발휘해 차이를 만들어내고 싶은 공간을 열망하게 될 것이다. 조직이 너희에게 그런 기회를 제공하지 않으면 '대학원 과정'을 끝내고 이직을 고려하는 편이 낫다. 인간이 기계로 전락해서는 안 되니 말이다.

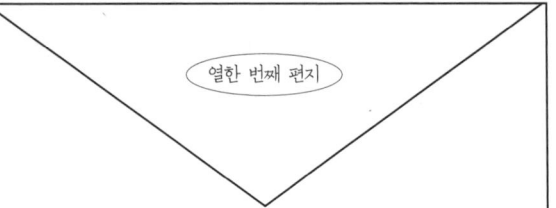

열한 번째 편지

인간은 관리되어야 하는
인적 자원이 아니다

리더십이 필요한 이유

조직은 목적을 달성하기 위해 자원을 통제하고 '관리'한다.

물건은 관리되어야 한다.

하지만, 너희도 관리되어야 하는 존재인가?

너희는 적절할 때 사용되고 필요한 곳에 배치되는 존재인가?

조직은 살벌한 곳일 수 있다. 그래서 나는 조직을 인간의 영혼을 가두는 감옥이라 표현한 적도 있다. 조금 섬뜩하다고? 하지만 지금도 그 생각에는 변함이 없다.

대학을 졸업한 후 셸에서 함께 일하겠느냐는 제안을 받고, 아일랜드의 부모님에게 "이제 생계 문제는 해결됐습니다"라고 전보를 보낸 기억이 지금도 생생하다. 나는 정말 그렇게 생각했다. 셸이 나에게 평생 직장을 보장할 것처럼 말했기 때문이다. 꼬박꼬박 임금을 제공하고, 유익한 일을 할 기회를 보장하며, 은퇴 후에도 연금이 계속 지급되도록 조치하겠다고 장담했기 때문에 걱정할 것이 없었다. 결혼하기 전까지는 그랬다.

셸은 나를 서아프리카의 라이베리아에 배치하고자 했

고, 나는 그 제안을 승진 사다리에서 한 계단 더 오르는 기회로 받아들였다. 그러나 아내의 판단은 달랐다. 아내는 "내가 '그들'이 가라면 어디든 가고, '그들'이 원하면 무엇이든 하는 사람과 결혼한지 몰랐어요. 그들의 조직에서 차지하는 직책으로 삶 전체를 평가하는 사람과 내가 결혼한 건가요? 당신이 그런 사람밖에 되지 않나요?"라고 물었다. 내가 훗날 '악마와의 계약'이라 칭한 것에 얽매여 지냈다는 것을 그때 처음으로 깨달았다. 경제적 안정과 확실한 일자리를 약속받은 대가로, 생면부지의 사람들에게 내 시간을 팔았던 것이다.

나는 그들의 목적을 위해 내 시간을 사용하는 허가증을 내 손으로 내주었다. 그 목적은 부분적으로, 또 경우에 따라서는 전적으로 투자자들의 배를 불려주는 것이었다. 그들이 나에게 대단한 것을 주고 있다고 생각했지, 실제로는 내가 생득권, 즉 '내가 원하는 것을 할 권리'를 양도한 것이라고는 생각해본 적이 없었다.

물론 대부분의 조직은 그렇게 생각하지 않는다. 조직은 양쪽 모두에게 이득인 합의된 약속이라 생각한다. 심지어 부가 혜택으로 식사와 건강 검진을 무료로 제공하고, 보

육 시설과 명상 교실, 운동 시설을 운영하며, 공동체에 자원 봉사하는 기회까지 알선하는 등 삶에 필요한 환경 전체를 제공하려고 노력한다. 일터를 사용자 친화적인 공간으로 만들려고 전력을 다하는 조직도 적지 않다. 하지만 제아무리 편안하고 호화롭다 해도 감옥은 결국 감옥일 뿐이다. 조직이 적절한 때가 되었다고 생각할 때 너희는 자신의 시간을 사용할 권리를 조직에게 넘길 것이다. 그 시간을 효율적으로 사용하는 것이 바로 '관리'다.

문제는 조직이 너희 시간을 관리하면 필연적으로 너희 자신까지 관리하게 된다는 것이다. 너희도 그렇겠지만 누구도 다른 사람에게, 특히 모르는 사람에게 통제되고 관리되는 걸 좋아하지 않는다.

이렇게 생각해보자. 핵심 자산이 유능하거나 숙련된 인력인 조직, 즉 대학과 극단, 법률회사와 교회에서는 책임자를 지칭할 때 '관리자manager'라는 단어를 사용하지 않는다. 그들을 대학에서는 학장, 법률회사에서는 대표, 교회에서는 주교, 극단에서는 단장이라 칭한다. 관리자라는 직함은 사람이 아니라 물건을 담당하는 사람에게만 사용된다. 달리 말하면 운송, 정보 시스템, 건물처럼 물질적이고 생명

이 없는 것을 관리하는 사람에게만 사용되는 직함이다. 이런 조직에서는 사람이 '관리'되는 걸 좋아하지 않는다는 걸 직관적으로 알기 때문에, 가능하면 '관리'라는 단어를 사용하지 않는다. 사실 이 단어에는 너희가 자원, 즉 다른 사람에 의해 통제된다는 뜻이 함축되어 있다. 요컨대 너희는 다른 사람이 적절하다고 생각할 때 사용되고 배치되는 '물건'에 불과하다는 뜻이 내포된 것이다.

✿

'인적 지원human resources'이라는 고약한 용어는 이런 사고 방식을 부추길 뿐이다. 개인으로서 우리는 자신에게 선택권이 있고, 내 시간을 다른 사람에게 팔아넘긴 노예가 아니라고 생각한다. 또 내 시간에 대한 권리를 타인에게 양도할 때 그것이 자신에게 이익이라 확신하지만, 실제로는 삶에서 가장 능동적인 부분에 대한 주도권을 다른 사람에게 양도하는 것 뿐이다. 이런 이유에서 나는 그런 권리의 양도를 '악마의 계약'이라 칭한다.

그 때문에 상황은 더욱 나빠진다. 사람을 물건처럼 취급

하다 보면 나중에는 그 사람이 마치 물건처럼 행동한다. 사람들은 계약에서 약속한 부분, 즉 의무적으로 해야 할 일만 한다.

내 아들은 방학 중에 지역 병원에서 아르바이트를 한 적이 있다. 시간제로 병원 장비를 옮기는 일이었다. 아들은 순진한 십대답게 주어진 일의 순서를 조금만 바꾸면 절반의 시간에 일을 끝낼 수 있을 거라고 팀원들에게 말했다. 하지만 팀원들은 벌컥 화를 내며 이렇게 반발했다. '시간당으로 임금을 받는데 일을 더 빨리 끝내야 할 이유가 무엇인가? 병원한테만 좋은데 우리가 더 많은 일을 해야 할 이유가 무엇인가?'라고 말이다.

사소하지만 유형과 규모를 막론하고 모든 조직에서 흔히 목격되는 사례다. 하지만 노동자들이 자신의 편의에 맞추어 일을 조정하는 이런 경향을 보고, 관리팀이 일의 속도를 높이려고 인센티브 제도를 도입하면, 품질이 저하되는 결과에 맞닥뜨린다. 따라서 관리팀은 빠른 업무 처리를 위한 인센티브와 노동의 질을 유지하기 위한 품질 관리 사이에서 적절한 균형점을 찾아야 한다.

결국 개를 훈련하고 실험실의 쥐를 조종하듯이 당근과

채찍이 적절히 결합하는 과정이 계속된다. 물론 경영이론 가들은 훌륭한 관리자는 이런 모순을 잘 알고 있어 설득과 격려로 조직원들을 이끈다고 말한다. 더할 나위 없이 훌륭하다. 그렇다면 너희에게 자기본위적 조종자라는 인식을 씌어주는 '관리'라는 단어가 아니라, 리더십이나 이와 유사한 단어로 칭하지 않는 이유가 무엇인가!

조직은 조직화되어야 할 필요가 있기 때문이다. 일의 흐름이 구분되고, 조직원들이 어떤 일을 언제까지 어떤 기준에 맞추어 해내야 한다는 사실을 알아야 할 필요가 있다. 그러나 관리해야 할 것은 일이지 사람이 아니다. 그 차이는 무척 크고 중요하다. 내가 어떤 일을 해야 하는지 알고, 그 일이 유용하거나 필요한 것이라 생각하면, 누가 지켜보지 않더라도 반드시 그 일을 해낼 것이다.

런던경영대학원에서 함께 가르치던 동료 교수 멜의 전공 분야는 집단과 팀 관리였다. 어느 날 그는 직접 식당을 운영하겠다며 학교를 떠났다. 1년 후 나는 그를 우연히 마주쳤다. "학교에서 가르치던 걸 직접 적용할 수 있어 정말 좋겠군!" 나의 이런 인사말에 멜은 "재밌습니다. 처음부터 괜찮은 사람을 직원으로 뽑고, 직원들이 각자 어떤 일을 해야 하

는지 알면, 법석을 피우거나 문제를 일으키지 않고 모든 일을 신속하게 해낸다는 걸 알게 됐습니다"라고 대답했다.

이것이 바로 내가 리더십이라 칭하는 것이다. 구체적으로 말하면, 일을 잘해낼 수 있는 조건을 조성해주고, 적절한 사람들을 뽑아 각자에게 이해할 수 있는 수준의 기준을 제시하고, 그 기준을 성취한 경우에 보상하는 행위가 바로 리더십이다.

내가 말장난을 하는 거라고 생각할 사람도 있겠지만, 단어들로 세계가 묘사된다. 조직이란 지엽적인 세계도 다를 바가 없다. '일'은 '조직화'되고 '사물'은 '관리'되어야 하지만, '사람'은 격려와 용기만으로 '인도'될 수 있다는 게 나의 한결같은 믿음이다. 여기에서 '사물'은 건물이나 정보 시스템 혹은 물리적인 것을 가리킨다.

하지만 여전히 관리에 조직화^{organizing}와 리딩^{leading}을 포함으로써 그 개념을 상향시키고 싶어 하는 사람들이 있다. 위대한 경영학자 피터 드러커^{Peter Drucker}의 가르침을 요약하면, 관리는 인간적이고 사회적인 기술이다. 나는 드러커의 사상과 글을 높이 평가하지만, 그가 '관리'라는 단어의 사용을 피했더라면 더 좋았으리라는 아쉬움이 있다. 같

은 인간에게 지배력을 행사하고자 변명거리를 찾는 사람들이 그 단어를 줄곧 잘못 해석하며 남용해왔기 때문이다.

단어가 중요하다. 단어가 행동을 바꾼다. 단어에는 함축된 메시지가 있어서 우리의 사고방식에 영향을 미치고, 그 결과로 우리 생각이 달라지면 우리 행동도 바뀐다. 요즘에는 사람을 인적 자원이라 칭한다. 이런 호칭에는 사람도 사물처럼 다듬어지고 보충될 수 있지만, 필요 이상으로 남을 때는 줄일 수도 있다는 뜻이 담겨 있다.

훌륭한 관리자라면 누구나 아는 것을 되풀이한다고 빈정댈지 모르지만, 언어는 너희를 현혹해서 정상적인 경우에는 피할 행동을 하게 만들 수도 있다. 단어는 기만적이고 위험한 것이다. 따라서 너희가 의도하지 않는 메시지를 내뱉지 않도록 항상 신중하게 사용해야 한다.

언젠가는 너희가 조직원들의 업무를 조직하는 책임을 맡게 될 수 있다. 한 예로 조직에서 한 부서의 책임자가 될 수도 있지 않겠는가? 혹은 내가 앞서 말했듯이 혼자서는

많은 것을 이루어낼 수 없기에, 창업을 시작해 자체적인 프로젝트를 진행할 수도 있다. 또 너희가 나와 비슷한 성향이라면, 자신에게 맡겨진 과제를 처리하기에 적합한 준비가 되지 않았다고 생각할 수도 있다.

나는 첫 직장인 셸의 싱가포르 지사에서 2년을 근무한 후, 보르네오 사라왁주에 있던 마케팅 부서의 책임자로 발령을 받았다. 사라왁주는 웨일스 정도의 면적에 도로보다 강이 더 많은 곳이었다. 싱가포르 사무실과 연결되는 전화선도 없었고, 누구도 방문하지 않았으며, 우편물 배달에도 나흘 이상이 걸렸다. 내가 35명의 지역민을 데리고 관리해야 할 것은 이착륙장 세 곳과 창고 두 곳이었다. 관리에 필요한 기본 지침서 같은 것도 없었다.

나는 셸이 미래의 지도자를 이런 식으로 훈련시킨다는 걸 나중에야 알았다. 기본 시설조차 갖추어지지 않은 오지에 미래의 지도자들을 내던져놓고, 그들이 회사에 크게 해를 끼치지 않고도 차이를 만들어내는지를 보고, 또 많은 것을 배울 기회를 제공했다.

물론 그 방법은 효과가 있었다. 나는 많은 실수를 저질렀지만 다른 사람이 눈치채기 전에 그 실수를 바로잡을

수 있었고, 오히려 실수를 통해 많은 것을 배웠다. 그러나 처음에는 발가벗겨진 기분이었고, 이른바 관리에 필요한 기본 지침서라도 있으면 좋겠다는 간절한 바람이 들었다. 하지만 그런 지침서가 없다는 것을 이제는 알고 있다. 엄밀하게 말하면, 너희 앞에 주어지는 그런 지침서는 전문서인 것처럼 보이려고 장황하게 써놓은 실질적인 상식에 불과하다. 내가 쓴 책도 다를 바가 없다. 나는 너희에게 조직화와 리딩, 관리라는 세 분야의 활동을 기억하고, 그 활동들을 적절히 적용하라고 권고할 뿐이다.

사람을 리딩하지 않고 관리하는 행위는 잘못된 것이고, 그 결과로 일터가 제대로 기능하지 못하고 불행한 곳이 되는 경우가 비일비재하다는 게 나의 굳은 믿음이다. 명심해라. 너희는 '인적 자원'을 넘어서는 존재다.

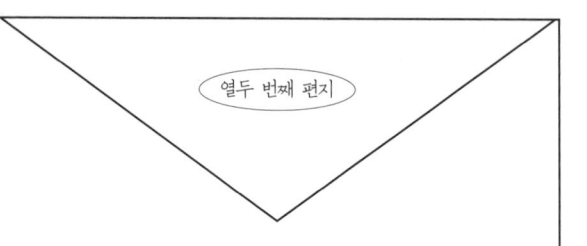

열두 번째 편지

우리를 지배하는 '그들'은
결국 우리 손으로 선택되었다

개인과 국가의 관계

사회에 존재하는 모든 규칙은

더 높은 곳에 선 '그들'의 권위를 필요로 한다.

보이지 않는 '그들'은 누구인가?

'그들'이 우리를 대신해 모든 것을 결정해주면

우리 삶이 더 나아지는가?

성경에서 모세는 이스라엘 사람들을 이끌고 이집트를 탈출해 고향으로 향했다. 그 여정 속에서 사람들을 통제하기 힘든 지경에 이르자 모세는 시나이산에 올라 돌판 두 개를 들고 내려왔다. 모세의 주장에 따르면 십계명이 쓰인 그 돌판은 하느님이 내어준 것이었다. 십계명은 이스라엘 공동체가 지켜야 할 계율이 되었다. 하느님의 승인이 없었다면 누구도 그 계율을 지켜야 한다는 의무감을 느끼지 않았을 것이다. 그렇다. 십계명은 하느님의 승인을 받았다는 게 중요했다.

모든 규칙에는 더 높은 곳에서 인정받은 권위가 필요하다. 십계명은 유일무이한 하느님의 권위를 강화하는 것으로 시작된다. 그 결과로 다른 신은 허락되지 않고, 어떤 형태로든 우상을 만들어서는 안 된다. 다음으로는 아버지와

어머니를 공경하라는 명령이 뒤따른다. 정말이다. 착각하지 마라. 인간 사회는 계급 사회다. 누가 명령하고 누가 규칙을 정하는지 모두가 알고 있는 사회다. 모세는 어떤 사회도 규칙 없이는 제대로 기능할 수 없다는 걸 꿰뚫어 보고 있었다.

오늘날도 똑같다. 우리의 행동을 인도하고, 용납되는 것과 그렇지 않은 것을 판단해주는 규칙이 필요하다. 그런 규칙들이 국회에서 정식으로 승인되면, 한 사회의 법률이 되어 합법적으로 강요될 수 있다.

기업과 가족처럼 작은 집단에도 어떤 행동이 허용되고 허용되지 않는지를 규정한 규칙이 필요하다. 기관에도 나름대로 정해진 절차와 권한 범위가 있다. 따라서 너희가 어떤 기관에 가입하거나 그곳에서 무언가를 구입하려면, 그 기관이 정한 절차에 따를 것을 요구받게 된다. 그런 요구는 법적인 강제성을 갖지 않지만, 너희가 그 기관에 가입하면 그들의 규칙을 받아들인 것이란 암묵적인 계약에 합의한 셈이 된다. 그러나 기업이나 학교에서, 심지어 가정에서도 규칙은 소비자나 사용자가 아닌 조직 자체의 편의를 위해 결정되는 경우가 많다.

새로운 디지털 세계에서는 조직이 자체의 규율을 사용자와 조직원에게 강요하기가 더 쉬워졌다. 디지털화는 사용자에게는 아니어도 조직에게 또 다른 이점을 안겨주었는데 우리가 상당한 양의 개인 정보, 즉 이름과 이메일 주소, 심지어 생년월일을 알려주지 않고는 디지털적인 업무를 처리하거나 지시할 수 없기 때문이다. 우리가 단지 어떤 기업의 제품을 구입하려고만 할 때 그런 정보는 전혀 필요하지 않다. 그럼에도 너희가 그 규칙에 순응하고 따르지 않으면 구매 행위를 끝낼 수가 없을 것이다. 기술이 자체의 권위를 휘두르고 있는 셈이다.

☙

내 아내는 대부분의 규칙이 불필요한 것이어서 무시해도 상관 없다고 생각했다. 만일 아내가 지금까지 살아서 이름과 주소를 요구 받았다면 가짜 이름과 인적 사항을 채워넣으며, 일종의 절도로 보았던 그런 규칙에 소심하게 저항했을 것이다. 우리가 양도하고 있다는 걸 의식하지 못하는 사이에, 조직이 우리의 자료를 빼내고 있는 걸 감안

하면 절도가 분명하다.

아내는 수많은 규칙의 적정성을 따져봐야 한다고 생각했다. 너무도 많은 규칙이 불필요하고, 조직에게 유리하게 정해졌다는 게 아내의 생각이었다. 게다가 대부분의 규제가 철로처럼 확정된 것이 아니라, 도로 지도에 더 가깝다고도 주장했다. 더 구체적으로 말하면, 확정된 철로가 아니라 교통 안내판이었다.

언젠가 나는 이탈리아에서 운전을 하면서 옆에 앉은 친구에게 이탈리아에서는 운전자들이 제한 속도에 거의 신경을 쓰지 않는 듯하다고 말했다. 그 친구는 "맞아, 그냥 경고 정도로만 생각해. 하지만 사고가 나면 속도가 문제시되겠지"라고 대답했다. 법은 경고성을 띤 것이므로 반드시 지켜야 할 의무가 없다는 것이다. 현대 사회를 뒤덮은 요식적인 법이 끊임없이 만들어졌기 때문에 이런 사태까지 발전한 듯 싶다.

물론 정반대로 그저 들은 대로 행동하면 만사가 편할 수 있다. 하지만 이런 선택은 권위를 지닌 보이지 않는 '그들'의 규칙에 복종하는 것과 다를 바가 없다. 그런데 도대체 그들이 누구인가? 여기에 문제가 있다.

우리 부부는 언젠가 청소 도우미를 고용한 적이 있는데 그녀의 남편은 군인이었다. 어느 날, 그녀가 남편이 상등병으로 진급했기 때문에 군대에서 그들 부부에게 새로 거주할 집을 마련해줄 것이라고 자부심에 가득한 표정으로 나에게 말했다. 그래서 내가 물었다. "그곳이 어디인가요? 언제 이사하실 건가요?" 그녀는 "그들이 아직 말해주지 않았어요"라고 대답했다. 내가 다시 물었다. "그들이라니요? 그들이 누구인가요?" 그녀는 어리둥절한 표정으로 나를 쳐다보았다. 나에게 바보가 아니냐고 되묻는 듯했다. "그들이 누구인지는 그들이 아직 나에게 말해주지 않았다니까요."

또 다른 예도 있다. 우리 부부가 택시 안에서 끔찍한 교통 체증에 갇혔을 때였다. 택시 기사가 화를 내며 "이런 사태가 닥치지 않게 그들이 미리 조치를 취했어야지!"라고 투덜거렸다. 그때도 내가 물었다. "그들이 누구인가요?" 택시 기사가 대답했다. "그걸 내가 어떻게 알아요!"

보이지 않는 '그들'은 주로 더 높은 권위를 지닌 조직, 흔히 정부 부처다. 우리는 우리 문제를 위에 위임하거나 어떤 권위체의 결정에 맡기면, 우리 자신은 책임에서 벗어난

다고 생각하기 쉽다. '그들'이 우리를 대신해 모든 것을 정리하고 결정해주면, 그것만으로도 살기가 한결 쉬워진 듯하다. 그러나 주의해야 한다. 그들이 너희의 이익을 진심으로 최우선시한다고 보장할 수는 없다. 그들은 너희가 아니라 그들에게 가장 단순하고 가장 효율적이며 비용도 가장 적게 드는 방법을 원할 것이다. 따라서 그들은 규칙과 규정을 제정하더라도 예외를 최소한으로 허용할 것이고, 시민을 체스판의 졸로 취급하는 조직화된 사회를 구축하려 할 것이다. 복지국가의 부정적인 면이 여기에 있다.

복지국가는 개인의 차이를 거의 인정하지 않고 세심히 관리되는 사회다. 시민을 위해 더 안전하고 안정감 있는 세계를 만들려는 선의로 모든 것이 행해지는 데는 의심의 여지가 없다. 하지만 위험이 없는 사회라고, 무모하다고 생각되는 실험이 전혀 시도되지 않는 사회를 뜻하는 것은 아니다. 내 아내가 새로운 모험거리를 제안할 때마다 아이들은 거의 입버릇처럼 "그건 허용된 거예요?"라고 물었다. 그럼 아내는 "모르겠는데. 그들이 우리를 말리는지 두고 보자"라고 대답했다. 너희가 이 짤막한 대화를 반드시 기억했으면 좋겠다. 실험 없이는 어떤 것도 변하지 않을 것이

니 말이다!

예전에는 나도 당국자가 더 현명하고 더 정확히 안다고 생각했다. 따라서 당국자가 우리를 대신해 많은 것을 결정하도록 허용하는 게 더 합리적이라고 믿었다. 하지만 그들 중 일부가 한때 내 제자였다는 걸 알게 되었다. 나는 그들에 대해 잘 알았다. 그들은 각자의 상관과 우리를 위해 최선을 다하는 보통 사람이었다. 그들이 모든 면에서 현명하지는 않았다. 우리 대부분이 그렇듯 그들도 어떤 정책에 의문이 있더라도 큰 불편을 느끼지 않는 한 평지풍파를 일으켜 경력을 망칠 이유가 없다고 생각하며, 그 정책에 동조하는 게 더 편하다고 믿는 사람들이었다.

그렇다고 우리가 그들을 비난할 이유는 없다. 그들은 계약에 의해 얽매인 시스템 내에서 일하고 있을 뿐이다. 그런 사실을 인정해야지, 그들에게 계약을 위반하라고 강요할 수는 없지 않은가. 오히려 나는 우리를 지배하는 사람들 중에서, 경력을 망치는 위험을 무릅쓰더라도 옳다고 생각하는 것을 위해 목소리를 높이는 사람이 거의 없다는 게 놀랍고 등골이 오싹할 따름이다.

속내를 드러내지 않고 거짓된 삶을 사는 게 더 편하다

는 이유만으로 그렇게 살아야 하는 것이 안타깝다. 너희는 셰익스피어의 《햄릿》에서 폴로니어스가 아들 레이티스에게 주는 충고를 항상 기억하고 지키기를 바란다. "너 자신에게 진실해라. 그럼 누구에게도 거짓되지 않을 것이다."

책임을 보이지 않는 '그들'에게 상향 위임하면, 또 하나의 예측하지 못한 결과를 감수해야 한다. 통제된 사회에서 명확히 규제되거나 금지되지 않은 것은 대체로 허용되는 것으로 추정된다. 일례로 다국적 기업은 세율이 낮은 국가로 이익을 돌리는 것이 관례. 누군가 다국적 기업에게 돈을 번 곳에 세금을 납부하라고 항의하면, 다국적 기업은 그들에게 "우리가 그렇게 하기를 원하면 법부터 바꾸라!" 하고 대답할 것이다.

이제 실질적으로 도덕성은 준법 여부로 정의된다. 그러나 도덕성에 대한 이런 정의는 무척 저급한 수준의 정의이자, 결국에는 냉소적이고 계산적인 사회를 낳는 정의다. 사람들이 점잖게 행동할 것이란 믿음이 사라지면, 새로운 법이 끊임없이 제정되기 마련이다. 또한 사람들이 우리 행동 때문에 고통을 받더라도 우리가 어떤 법도 어기지 않았다면, 상황을 정상으로 되돌리거나 그런 불상사가 다시는 일

어나지 않도록 방지하는 법을 새롭게 제정하는 책임은 다른 사람, 대체로 정부에 있다. 우리가 손해를 메꾸거나 책임을 떠안을 필요가 없는 셈이다. 이로 인한 결과는 새로운 법과 규정의 홍수겠지만, 모든 것이 우리를 안전하게 지키기 위한 것으로 포장된다. 하지만 창의성이 규칙을 우회하는 새로운 방법을 찾으려는 열정으로 작동되지 않는다면, 이런 규칙들은 필연적으로 창의성과 진취성을 억누를 수밖에 없다.

※

'그들'이 어떤 사람이고, 그들이 지닌 권한의 범위에 대해서는 너희에게도 일말의 책임이 있다는 걸 잊지 않기를 바란다. 너희는 체스판의 졸이 아니다. 영국 정부가 너희를 '신민British subject'이라 부르며 쟁점을 흐리더라도 너희는 시민이다. 사회라는 것이 있고, 그 사회는 너희 같은 사람들로 이루어진다. 너희는 민주주의하에서 살고 있고, 민주주의는 문자 그대로 해석하면, 권력이 '데모스demos', 즉 국민에게 있다는 걸 뜻한다.

우리를 지배하는 사람들은 우리 손으로 선택한 사람들이다. 따라서 우리가 불평해대는 '그들'은 결국 우리, 더 정확히 말하면 우리 같은 국민에 의해 선출된 존재다. 우리가 운영하는 민주제도는 대의민주제representative democracy다. 우리가 선출한 대표들이 우리를 대신해 결정을 내리는 제도이지만, 간혹 대표들이 무엇인가를 결정하기 위해 국민 전체의 의견을 묻기로 결정하면 상황은 혼란스러워진다. 내 개인적인 생각에 현재 독일이 그렇듯이, 특별한 상황을 제외하면 국민투표제가 금지되어야 한다. 우리가 결정권을 위임하려고 선출한 대표들의 결정보다 국민의 결정을 우선시한다는 뜻이기 때문이다. 우리는 두 형태의 민주주의 중 하나를 선택해야지, 둘 모두를 가질 수는 없다.

어떤 형태의 민주주의를 선택하든 너희는 각자의 의무를 다해야 한다. 무엇보다 반드시 투표를 해야 한다. 그렇지 않으면 너희는 '그들'에 대해 불평할 권리가 없다. 호주에서는 투표가 법적 의무지만, 영국에서는 자유의사에 맡겨진다. 투표일에 비가 오거나 눈이 내리면 외출하기가 귀찮을 수 있다. 그러나 잘못된 생각이다. 우리가 통치자를 선택하는 데 날씨에 영향을 받아야 할 이유가 어디에 있

'그들'이 어떤 사람이고,

그들이 지닌 권한의 범위에 대해서는

너희에게도 약간의 책임이 있다는 걸 잊지 않기를 바란다.

너희는 체스판의 졸이 아니다.

는가? 투표자를 넘어 너희 자신도 선출된 의사결정자 중한 명이 될 수 있다.

민주주의에는 너희가 속한 공동체를 필두로 많은 층이있다. 내 아내가 그랬듯이, 교구회의 대표로 입후보하는 것도 흥미롭고 유익할 수 있다. 물론 그 단계에서 멈출 이유는 없다. 훨씬 더 높은 단계까지 올라가 국가를 위해 봉사할 수도 있다. 어쩌면 학교 운영위원회에 입후보하는 것부터 시작해서, 조촐하게 '그들' 중 하나가 되는 것도 좋은방법일 수 있다. 그렇게 되면 그들의 문제에 더 공감할 수있을 것이다.

하지만 시민권은 단순히 투표하는 행위에 그치는 권리가 아니다. 너희가 사회의 중요한 쟁점 중 하나에라도 관심이 있다면, 친구들에게 투덜거리고 불평하는 수준을 넘어 다른 무엇을 해야 한다. 예컨대 한 친구는 가정 폭력을불법화하는 데 그치지 않고, 비도덕적이고 관련된 사람모두에게 피해를 주는 행위로 규탄하는 운동을 벌였고, 200개 대기업으로부터 그 운동을 지원하겠다는 약속까지얻어냈다. 그 대기업은 가정 폭력이란 문제를 심각하게 받아들이도록 직원들을 직접적으로 설득하겠다고도 약속했

열두 번째 편지

다. 누구도 그녀에게 그 운동을 시작하라고 강요하지 않았다. 그녀는 시민으로서 의무를 이행한 것이었다. 내가 공원 쓰레기를 줍는 행사에서 자주 만나는 노신사도 훌륭한 시민이 되기에 충분하다.

더 많은 사람이 시민의 자격을 진지하게 생각한다면, 짜증스런 규제의 필요성이 줄어들 것이다. 기후 변화가 걱정스럽다면, 그 문제를 정부에만 맡겨두어서는 안 된다. 너희도 너희 몫을 해야 한다. 예컨대 가능하면 대중교통을 이용하거나, 일주일에 한 번만 육류를 섭취하는 등 너희를 본받도록 다른 사람들을 설득해야 한다. 물론 무엇보다 투표하는 걸 잊어서는 안 된다.

⚘

내친김에 한 걸음 더 나아가보자. '보완성'이란 개념을 우리의 일상에 적용할 필요가 있다. 이 추악한 단어는 실천보다 이론에서 더 자주 언급되지만, 오래전부터 가톨릭 윤리 교육의 일부였고, 유럽 연합의 초석이기도 했다. 보완성 원칙은 가장 낮은 단계의 실무진에게 항상 책임이 있

어야 한다. 따라서 보완성 원칙은 최대한의 위임을 선호한다. 더 정확히 말하면, 작은 단위들에 비해 더 잘할 수 있는 것만을 중앙에 위임한다는 점에서 정반대의 위임, 즉 상향식 위임을 뜻한다.

국가는 가정에 자식의 양육에 대해 조언을 할 수 있어도 어떻게 키우라고 시시콜콜 참견해서는 안 된다. 반대로 가정은 재정에 대해 좋은 아이디어를 갖고 있더라도 국가가 돈을 어디에 써야 한다고 결정할 수 없다. 가정이 혼자 힘으로 결정할 수 없는 문제는 더 큰 단위에 위임되어야 하지만, 이런 상향식 위임은 낮은 수준의 재량에 속한다.

사회의 진정한 권력은 시민에게 있어야 한다. 시민들이 스스로 해결할 수 없는 문제만을 위쪽에 위임하면 된다. 안타깝게도 우리는 그 권력을 도둑맞았다. 그 권력을 되찾아야 한다. 보완성은 누군가 너희에게 무엇을 하라고 말해줄 때까지 기다리지 않아야 한다는 뜻이자, 너희가 해야 할 일을 스스로 찾아서 하라는 뜻이다!

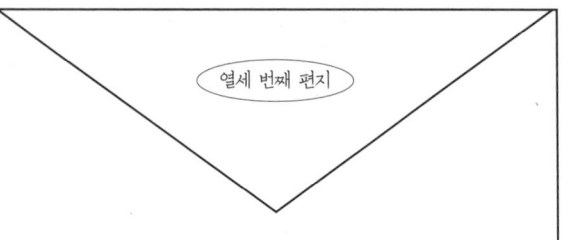

열세 번째 편지

누구나 세 번의
다른 삶을 살 수 있다

인생의 변곡점을 만났을 때

삶은 정상에 도달하면 하강하기 시작한다.

정점에 이르기 전에 새로운 길을 찾아라.

너희는 세 번의 삶,

어쩌면 그 이상의 다양한 삶을 경험할 수 있다.

데이비스 바^{Davy's Bar}를 찾아가는 여정에 대한 내 이야기에 지금까지 무수히 많은 사람이 따분하다는 반응을 보였다. 그러나 그 여정은 나에게 중대한 깨달음을 주었기에 너희에게도 그 이야기를 해주고 싶다. 이 이야기는 실화다.

당시 나는 자동차를 몰고 아일랜드의 작은 마을 아보카를 찾아가고 있었다. 그 길은 산과 숲, 호수가 어우러져 아름답지만 왠지 공허해 보이는 위클로 산맥을 지나야 했다. 그 길을 정확히 몰랐던 나는 길가에서 개를 산책시키는 사람을 발견하고는 자동차를 갓길에 대고, 내가 아보카로 똑바로 가고 있는지를 물었다.

"이 길이 맞습니다. 이 언덕길을 따라 계속 올라가십시오. 정상에 올라가면 좁은 비탈길이 내려다보일 겁니다. 작

은 강도 보이고. 그 강을 가로지르는 다리와 그 건너편에 있는 데이비스 바도 보일 겁니다. 놓칠 수가 없습니다. 선홍색으로 칠해져 있으니까요. 아시겠습니까?"

"알겠습니다. 그러니까 이 언덕길을 쭉 올라가서, 비탈길을 따라 작은 강까지 내려가면 데이비스 바가 있다는 거지요?"

"맞습니다. 언덕 위에서 우회전해서 1킬로미터쯤 가면 데이비스 바가 있을 겁니다."

그가 꼼꼼하게 길을 가르쳐준 덕분에 나는 곧바로 출발했다. 다만 그의 대답이 아일랜드에서는 '나라면 여기에서 출발하지 않을 겁니다'라는 뜻을 품고 있다고는 꿈에도 생각하지 못했다. 여하튼 나는 출발했고, 그가 가르쳐준 대로 정상에 도착해 데이비스 바를 내려다볼 수 있었다. 그러나 계속 운전해도 오른쪽으로 굽은 길은 보이지 않았다. 결국 나는 자동차를 돌려 언덕길을 되돌아가며 "빌어먹을 놈!"이라고 혼잣말로 욕을 퍼부어댔다. 그렇게 되돌아가던 길에 언덕 반대편에서 그 길을 찾아냈다. 그 훌륭한 길 안내자는 내가 정상에 도착해 데이비스 바를 내려다보기 전에 그 우측길이 나온다는 걸 말해주지 않았던 것이다.

　　　　　　열세 번째 편지

이 이야기가 대체 무엇과 관계가 있느냐고 반문할 사람도 있을 것이다. 하지만 나는 이 이야기를 깊이 생각해보았고, 결국 삶과 변화에 대한 우화라는 결론에 이르렀다.

내가 보기에 삶은 옆으로 뉘어진 길쭉한 S자 곡선인 듯하다. 대략 이런 모양일 것이다.

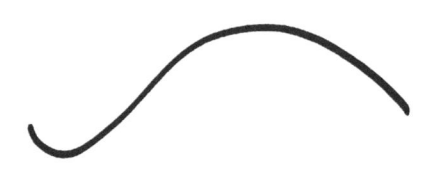

너희 삶만 아니라 모두의 삶, 심지어 기업이나 학교, 정당이나 국가의 생애도 교육과 투자, 실험을 통해 많은 것이 투입된 뒤에야 작동하기 시작한다. S자 곡선은 처음에는 내려가지만 곧 상승하기 시작한다. 우리는 계속 끝없이 상승하기를 바란다. 하지만 S자 곡선에서 보이듯이 우리 삶이나 조직은 정상에 도달하면 하강하기 시작한다. 그런 것이 삶이고, 어떤 것도 영원히 지속되지는 않는다고 사람들은 말한다. 맞는 말이다. 하지만 죽음을 맞기 전에 너희

는 한 번 이상의 삶을 살 수 있다. 첫 번째 S자 곡선이 끝나기 전에 새로운 S자 곡선이 시작될 수 있다는 얘기다.

너희는 그렇게 할 수 있다. 성공의 끈을 계속 끌어가고 싶다면 반드시 그렇게 해야 한다. 그러나 그 새로운 곡선도 S자 곡선인 것은 똑같다. 처음에는 내려간다. 하강하는 그 곡선을 끌어올리려면 새로운 투자, 즉 새로운 학습과 실험이 필요하다. 첫 곡선이 최고조에 이르기 전에 투자가 시작되어 하강 곡선을 벗어나는 것이 가장 바람직한 현상이다. 모든 것이 내리막길로 들어섰을 때 새로운 것을 시작하기는 어렵기 때문이다. 이를 그림으로 표현하면 대략 이런 모양일 것이다.

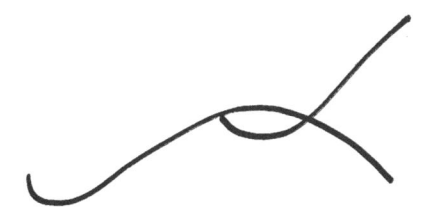

데이비스 바 이야기가 우리 삶과 관련 있다고 말한 이유는 여기에 있다. 너희는 여전히 언덕길을 올라가는 동

안, 즉 첫 곡선의 정점에 도달하기 전에 새로운 곡선(샛길)을 찾아내야 한다. 대부분의 사람은 불길한 징조를 맞닥뜨리기 전까지는 방향을 바꾸려는 의지를 끌어내지 못한다. 그러나 그제야 방향을 바꾸려면 너무 늦을 수 있다. 기력과 자원이 바닥나고, 어떻게 달라지고 어떻게 방향을 바꿔야 하는지 고민할 틈도 없이 붕괴를 맞을 수 있기 때문이다.

나는 무수히 많은 개인과 조직, 심지어 국가까지 기나긴 여정의 끝에 데이비스 바에 앉아, 무엇이 어떻게 잘못되었고, 왜 그들이 적절한 때에 바뀌지 않았는지, 모든 것이 원만하게 굴러갈 때 변화를 시도할 기회를 놓치고 그 상황이 영원히 지속될 것이라 생각한 이유가 무엇이었는지 회한하는 모습을 보았다.

심리학적으로 보더라도, 어떤 조직이 여전히 전성기를 누리고 너희도 그 즐거움을 함께하는 와중에 그 조직을 떠나기는 무척 어렵다. 게다가 너희가 정상에 거의 도달했다는 걸 어떻게 알 수 있겠는가? 그야말로 모순이다.

내가 앞에서 말했듯이 너희는 첫 곡선에서 정점을 지나간 뒤에야 정점이 지났다는 걸 알 수 있다. 하지만 안타깝

게도 너희는 내가 아보카를 찾아갈 때 그랬던 것처럼 방향을 전환해 되돌아갈 수 없다. 이런 이유에서 너희에게는 도움이 필요하다. 새로운 곡선이 필요한 지점을 파악하기는 외부인이 더 쉽다. 모든 운전자에게는 내비게이션이 필요하지만 너희가 그 지점을 찾아내는 데 도움을 줄 만한 위성항법satellite navigation, SATNAV 장치는 없다. 오직 인간만이 그 역할을 할 수 있다.

맨체스터 유나이티드 축구팀의 전설적인 감독 알렉스 퍼거슨Alex Ferguson은 그 지점을 기막히게 알아냈다. 덕분에 거의 최정점에 다다른 핵심 선수를 경기력이 하락하기 직전에 팔 수 있었다. 그러나 그 자신의 S자 곡선에 관련해서는 뛰어난 지각력을 보여주지 못했다. 그가 축구팀이 최정점에 오른 후에야 사직한 탓에 후임 감독은 하강 곡선에 접어든 팀을 떠맡아야 했다. 영국의 대형 유통업체 테스코의 최고경영자를 지낸 테리 레이히Terry Leahy도 그 시대의 전설적인 경영자였지만, 똑같은 실수를 저질렀다.

개인적인 차원에서도 많은 사람이 한 직종에 지나치게 오랫동안 머물다가 새로운 이력을 시작하는 데 어려움을 겪는다. 그들은 정리해고된 뒤에야 일찌감치 자발적으로

떠나지 못한 것을 후회한다. 내 삶에서 가장 우호적인 조언자는 아내였다. 아내는 나에게 변화를 도모할 때가 되었다는 걸 두 번이나 제안했었다. 그때마다 나는 반발했지만 매번 그녀의 판단이 옳았다. 새로운 곡선을 시작해 전반적인 상황을 파악하는 데 2년 이상이 걸렸지만, 방향 전환은 가치가 있었다.

※

이상적으로는 첫 번째 곡선이 상승하는 동안에 두 번째 곡선과 관련된 일을 시작해야 한다. 조직도 다를 바 없이, 구습에 물들지 않은 젊고 패기만만한 직원들을 중심으로 실험적인 프로젝트를 시작할 수 있어야 한다.

나는 기회가 닿을 때마다 사람들에게 어떤 형태로든 지금 하는 일에서 잠깐 벗어나 휴식과 안식의 시간을 갖는 것도 새로운 가능성을 탐색하는 방법이라고 조언한다. 그러나 안타깝게도 안식 휴가를 유급으로 운영하는 조직은 아직 거의 없다. 따라서 너희는 휴식의 시간을 스스로 마련해야 할 것이다.

너희를 걱정하는 우호적인 조언자가 없다면, 스스로 경계해야 할 경고 신호가 적지 않다. 첫째로는 현실에 대한 안주를 가장 경계해야 한다. 너희가 모든 것을 통제하고, 어떤 일이 닥쳐도 관리할 수 있어 걱정할 것이 없다고 느낄 때, 조심하고 또 조심해야 한다. 미래를 지나치게 낙관적으로 확신하는 것일 수 있기 때문이다. 자신감을 갖는 것은 좋지만, 의심하지도 않고 걱정하지도 않는 것은 위험하다.

두 번째로 경계해야 하는 것은 현재의 직업과 관련되지 않은 것에 대한 호기심을 잃는 것이다. 내가 일에 파묻혀 다른 것을 생각조차 않았을 때 아내는 내가 세상에서 가장 따분하고 재미없는 사람이 되었다고 빈정거렸다. 그때서야 내가 고개를 치켜들고 주변을 둘러보지 않으면 미래의 데이비스 바를 찾아가는 길을 다시 잃어버릴 수 있다는 걸 마음속 깊이 깨달았다.

물론 그 새로운 길, 즉 새로운 곡선이 무엇이어야 하느냐는 문제도 중요하다. 내 경험에 따르면 이즈음 꿈을 꾸기 시작하는 것도 괜찮다. 나는 내 삶에서 중요한 모든 것을 빠짐없이 써보았다. 돈, 시간과 공간, 개인적인 만족, 세

상에 공헌한다는 기분이 그것이었고, 끝으로 실현 가능성도 간과하지 않았다. 그러자 세 가지 가능한 시나리오가 머릿속에 그려졌고, 그 기준에 맞추어 각 시나리오를 평가해보았다. 이를 두고 나와 가장 가깝고 나에게 가장 소중한 사람, 즉 아내만이 아니라 몇몇 우호적인 외부자들과 오랫동안 상의하는 시간을 가졌다. 그 과정에서도 나는 새로운 가능성을 보았고, 기회가 주어지면 곧바로 뛰어들겠다는 각오까지 다졌다.

내가 학생들에게 입버릇처럼 말했듯이, 우리 삶에서는 어떤 일이든 일어난다. 사과가 느닷없이 우리 무릎 위에 떨어지기도 한다. 그러나 그런 행운의 확률을 높이려면 과수원에 있어야 한다. 요컨대 너희가 원하는 것이 무엇인지 알고 있다면, 어떤 식으로든 그 세계에 빈번하게 접촉하기 시작해야 한다. 그 세계에 속한 사람들을 만나고, 관련 서적을 읽고, 학회나 발표회에 참석하고, 인터넷 사이트를 찾아 방문하라.

첫 곡선을 출발할 때보다 새로운 곡선을 시작하는 게 더 힘들다는 걸 잊지 않아야 한다. 나는 세 번의 새로운 곡선을 시작했다. 그때마다 수년 동안 꽤나 큰 연봉 삭감

우리 삶에서는 어떤 일이든 일어난다.

사과가 느닷없이

우리 무릎 위에 떨어지기도 한다.

그러나 그런 행운의 확률을 높이려면

과수원에 있어야 한다.

을 감수해야 했다. 따라서 너희가 첫 번째 곡선이 상승하는 동안에 새로운 곡선을 모색하지 못한다면, 새로운 과정을 끝까지 해낼 수 있도록 예비금을 마련해두라고 조언해주고 싶다.

한때 내가 중간 간부를 위해 진행했던 9개월 간의 경영자 프로그램은 경영에 실질적으로 도움이 되는 교육을 제공함과 동시에 개인적으로 미래를 숙고하는 기회를 갖는 안식의 시간이었다. 수강료가 비쌌지만 몇몇 사람은 대출을 받아 그 비용을 부담했을 정도로 중요한 프로그램이었다. 저축한 돈을 인출한 사람도 있었고, 그 프로그램을 수료한 후에는 조직에 복귀하지 않을 것이 분명했기 때문에 일종의 퇴직금으로 수강료를 지원해달라고 조직을 설득한 사람도 있었다. 새로운 도약을 위한 이런 프로그램이 많은 사람에게 제공되지는 않는다. 그러나 일이 그런대로 순조롭게 풀려서 너희가 상황이 악화되기 전에 미래를 위해 저축해둔다면 너희만의 미래를 만들어가는 걸 방해할 것은 어디에도 없을 것이다.

삶은 길다. 우리에게 적어도 세 번의 다른 삶을 살기에 충분한 시간이 있다. 어쩌면 그 이상의 다양한 삶을 살 수

도 있다. 세 번의 삶을 경험하지 못한다면 헛되이 낭비한 삶일 수 있다. 그 누구도 데이비스 바를 무시하고 건너뛸 수는 없다. 뒤늦게 도착해서야 후회할 것이다. 그때에는 술로 슬픔을 달래며, 어쩌다 그런 지경에 이르렀는지 돌이켜보는 것이 너희가 할 수 있는 전부일 것이다.

무엇이든 부족하지 않으면
충분한 것이다

삶의 기회비용을 놓치지 않는 법

'부족하지 않으면 충분한 것이다.'

VS.

'좋은 것은 아무리 많아도 충분하지 않다.'

너희가 생각하는 '충분함'의 기준은 무엇인가?

여기 무척 흥미로운 질문이 있다. '우리는 열심히 일할 필요가 없는데, 왜 이렇게 열심히 일할까?'

1930년 위대한 경제학자 존 메이너드 케인스^{John Maynard} ^{Keynes}는 자신의 손주가 사는 시대에는 경제 문제가 해결될 것이라고 말했다. 더 이상 부족한 것이 없는 시대가 온다는 뜻이었다. 또 과학기술의 발전과 생산성 향상으로 누구도 주당 15시간 이상 일할 필요가 없는 경제적 유토피아가 완성되고, 모든 것이 공평하게 분배되어 모두가 배부르게 먹게 된다는 뜻이기도 했다.

케인스가 말했듯이 우리는 경제 문제를 해결하려고 천성적으로, 즉 충동적이고 본능적으로 진화해왔다. 그런데 경제 문제가 해결되면, 인류는 전통적인 목적 하나를 빼앗

기게 된다. 입에 풀칠하려고 일주일 내내 일할 필요가 없다면, 결국 우리는 어떻게 시간을 보내야 할지 모르는 지경에 빠지지 않을까.

케인스의 지적이 맞았지만 이는 이론에서만이었다. 그의 지적이 정말 맞았다면, 우리는 이미 오래전에 경제 문제를 해결했어야 했다. 적어도 내가 살고 있는 부유한 세계에서라도 경제 문제가 해결되어야 했다. 또 우리가 조금이라도 더 공정하게 분배하면, 현대 사회에서는 누구도 가난하지 않아야 하고 남부럽지 않은 삶을 위해 필요한 것이 부족하지 않아야 한다. 그러나 현실에서는 '부족하지 않으면 충분한 것이다'라는 격언이 '좋은 것은 아무리 많아도 충분하지 않다'라는 격언과 경쟁을 벌이고, 거의 언제나 후자의 격언이 승리를 거둔다.

돈에 관한 한 승자가 거의 모든 것을 독식하고, 보잘것없는 것만이 뒤처진 사람들을 위해 남겨진다. 현재 영국에서는 국민의 거의 절반이 이런저런 명목으로 정부로부터 혜택을 받는다. 많은 국가에서 정부가 취업자에게 먹고살기에 충분한 돈을 보장해주기 위해 근로 장려금을 지급해야만 한다. 하지만 그런 혜택을 받는 사람들에게 '부족하

지 않으면 충분한 것'이라 말하면 모욕적일 것이다.

중산층도 예외가 아니다. 내 친구들의 자녀들은 너희보다 몇 살밖에 많지 않지만 벌써부터 주거비, 학자금 대출 상환, 연금 마련에 고심하며 괜찮은 일자리를 찾아 백방으로 뛰어다니고 있다. 그들은 넘치도록 많은 것은 고사하고 부족하지 않기를 바랄 뿐이다. 케인스의 예측은 아직 실현되지 않았다. 상당히 안락한 삶을 누릴 수 있게 되었지만 이전보다 더 많은 사람이 더 많은 시간을 일하는 데 쏟고 있다.

왜 우리는 그렇게 일하는 걸까? 더 많은 물건을 사고 싶기 때문일까? 아니면 내가 중요한 사람이란 걸 과시하고 싶기 때문일까? 혹시 동료들이 나보다 더 많이 벌기 때문은 아닐까? 이유가 무엇이든 간에 우리는 항상 더 많은 것을 원하는 끝없는 욕망을 지닌 듯하다. 더 많은 물건, 더 많은 돈, 더 큰 즐거움 등 모든 것을 더 많이 가지려고 하는 듯하다. 지난 세기에 억만장자 자선가였던 존 데이비슨 록펠러John D. Rockefeller도 '충분한 것'이 어느 정도냐는 질문에 '조금 더 있는 것'이라 대답했다고 하지 않았던가. 대다수가 이 말에 동의할 것이다. 우리 욕심에는 한계가 없다.

하지만 우리가 일을 좋아하는 것도 부분적인 이유인 것만은 분명하다. 반드시 실질적인 일이 아니라, 일과 관련된 것이면 그만으로 충분하다. 일은 우리에게 정체성을 부여하는 것들 중 하나다. 우리는 우리가 하는 일로 정의될 때가 많다. 일은 사회를 결속시키는 접착제이고, 사람들을 뭉치게 하며, 우리의 하루를 구성하고, 우리에게 아침에 침대에서 일어날 이유를 준다.

그렇지만 여전히 미심쩍다. 사냥꾼이던 우리 조상들에게는 더 많은 것을 가지려는 욕심이 없었기 때문이다. 칼라하리 사막에 사는 부시맨을 연구한 결과를 보면, 선사시대 조상들이 끝없이 일하는 힘겨운 삶을 살았다는 주장은 사실이 아니라는 게 밝혀지지 않았던가! 그들은 필요할 때만 일했다. 식량을 비축하지도 않았고, 욕심도 지극히 적어 쉽게 채워졌다. 그들은 더 많은 식량이 필요할 때만 창을 들고 사냥을 나갔다. 결과적으로 그들은 주당 15시간밖에 일하지 않았다. 그 이상으로 일할 필요가 없었을 것이다. 그 때문에 일부 학자는 그 시대를 '최초의 풍요로운 사회'라 칭했다.

하지만 그 사회에는 돈이란 것이 없었다. 돈은 식량보다

쉽게 저장될 수 있고, 다양한 물건과 교환될 수 있다. 돈이 없었던 까닭에 우리 조상들은 더 오랜 시간을 일해야 하는 이유를 알지 못했다. 부시맨에게 돈이나 다른 교환 수단이 있었다면 그들의 삶이 지금처럼 여유롭지 않았을 것이다. 어쩌면 돈에 대한 사랑이 모든 악의 근원인지도 모르겠다.

예순 살이 되기 전까지 나에게 충분한 돈을 갖겠다는 생각은 머나먼 꿈이었다. 예전에 나는 늘상 작은 메모지를 갖고 다녔다. 그 메모지는 두 칸, '수입'과 '지출'로 나누어져 있었다. '지출'이 '수입'을 초과해서는 안 된다는 걸 끊임없이 상기시키는 메모지였다. 그런데 예순 살을 넘기면서 아이들이 집을 떠났고, 대출금도 모두 상환했다. 게다가 내가 쓴 책들이 팔리기 시작했고, 기업에서 강연을 하면 분에 넘칠 정도로 많은 돈을 받는다는 것도 알게 되었다. 늘그막에 갑자기 수입이 지출보다 많아졌고, 나는 딜레마에 부딪쳤다! 이런 노다지판을 더 즐겨야 하는가, 아

니면 내가 가르치던 것을 실천하며 '충분한' 것에 만족해야 하는가?

언젠가 나는 〈포춘〉의 기자와 인터뷰를 했는데, 당시는 대규모 강연 초대에 응하면 회당 수천 파운드를 받을 수 있었다. 그 때문인지 그녀는 나에게 강연의 횟수를 연간 10회로 제한하는 이유가 궁금하다며 "더 많이 강연할 수도 있지 않습니까? 왜 강연 초빙을 거절하시는 겁니까?"라고 물었다.

"그렇습니다. 거절하는 경우가 많지요. 그런 강연을 하려면 멀리까지 가야 해서 집을 오랫동안 비워야 하고, 글을 쓰는 것도 상당히 포기해야 합니다. 그런데도 내가 강연 초빙에 더 자주 응해야 할 이유가 있을까요? 그 정도만 해도 내 가족을 부양하고 내 욕망을 채우기에 충분한 돈을 받습니다."

"하지만 더 많은 돈을 벌 수 있지 않습니까? 그런 유혹을 받지는 않습니까?"

"나한테 필요하지도 않은데 그 많은 돈을 벌어서 무엇에 쓰지요?"

그 기자는 잠시 생각에 잠겼다. 그러고는 덧붙여 말했

다. "이것저것을 수집할 수 있지 않습니까."

눈이 번쩍 뜨이는 매혹적인 지적이었다. 그녀의 지적은 틀리지 않았다. 부자들은 불필요한 재산을 동원해 호화로운 주택, 요트와 예술품 등 이것저것을 수집하고, 심지어 친구와 부인까지 사들인다. 이런 것들은 그들의 전리품이고, 그들의 성공을 입증해주는 시각적인 증거물이다. 고대 로마 황제들이 포로들과 노획물을 앞세운 가두 행렬로 성공적인 군사 원정을 자랑했듯이, 요즘의 승리자들도 남들에게 과시할 전리품들을 가지려고 한다.

하지만 우리 부부는 수집가가 아니었다. 그때부터 우리 부부는 '충분함'을 삶의 규칙 중 하나로 삼으려고 애썼다. 우리는 충분한 삶―정확히 말하면, 우리가 비교적 편안하게 살 수 있을 정도의 삶―을 누리려면 내가 매년 강연과 강의 집필을 위한 계약을 얼마나 체결해야 하는지 계산했다. 얼마 지나지 않아 우리는 충분함의 기준을 낮출수록 다른 것을 할 수 있는 자유로운 시간이 늘어난다를 걸 깨달았다. 강제적이 아니라 자유 의지로 언제든 가난할 수 있다면, 가난이 축복이라 말해도 크게 틀린 말이 아니었다.

케인스는 인간이 일을 하도록 양육되기 때문에 일을 해

충분함의 기준을 낮출수록

다른 것을 할 수 있는 자유로운 시간이 늘어난다.

자유 의지로 가난할 수 있다면,

가난이 축복이라 말해도 크게 틀린 말이 아니다.

야 한다는 금전적 자극이 없으면 방황하게 될 것이라고 믿었다. 하지만 이런 견해는 일을 너무 좁은 관점에서 해석한 것이다. 다른 사람들도 경험했겠지만, 나는 무상으로 하는 일이 가족을 부양하기 위한 돈을 벌려고 하는 일보다 훨씬 더 만족스럽다. 무급으로 하는 일에는 자선 단체에서 봉사하는 일만이 아니라 요리와 양육, 또 가족을 즐겁게 해주고 고장 난 것을 수리하는 행위 등 집에서 하는 일도 포함된다. 나는 요리하는 걸 좋아하지만, 도마 앞에서 하루를 보내며 요리하는 것이 즐거워도 일이라는 사실을 새삼 절감한다.

우리 부부는 런던에서 지낼 때 자신의 삶이나 일에 대해 말하고 싶은 사람이 있다면 누구나 아침 식사에 함께하도록 초대했고, 그들의 이야기를 듣고 무상으로 조언하는 봉사를 해왔다. 우리는 우리의 조언이 그들에게 도움이 되기를 바랐다. 물론 우리는 그 봉사를 즐겼지만, 우리가 적잖은 노력과 시간을 투자했다는 점에서는 일이었다. 그러나 그 일이 주는 만족감은 무척 컸다.

케인스는 지나치게 비관적이었다. 여유로운 손과 마음이 할 수 있는 좋은 일이 많다는 걸 케인스 본인도 틀림없

이 알았을 것이다. 그도 무상이지만 보람 있는 일을 꾸준히 했었으니 말이다. 지금도 주변을 둘러보면 그런 종류의 일은 얼마든지 있다.

'충분함'이란 개념은 돈과 일에 국한되지 않는다. 우리 삶의 모든 분야에 적용된다. 특히 먹을 것과 마실 것에서는 부족하지 않으면 충분한 것이다. 다른 모든 것을 배제하더라도 소수의 것에 집중하라는 유혹도 있다. 이런 유혹에 넘어가면, 다른 관심사나 능력을 개발할 기회를 놓치기 때문에 경제학자들이 기회비용이라 일컫는 것을 상실할 위험이 있다. 어느 해인가 내가 내 일에만 완전히 몰두했을 때, 아내는 나에게 세상에서 가장 따분하고 재미없는 사람이 되었다고 말했다. 충분함의 규칙을 무시함으로써 내 삶의 범위를 좁혔고, 그 결과로 결혼생활까지 망칠 뻔한 것이다.

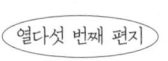

열다섯 번째 편지

돈은 일과 성취의
불안한 동반자일 뿐이다

필요와 욕망 구별하기

돈을 역량을 측정하는 잣대로 바라보지 마라.

돈을 성패를 측정하는 기준으로 여기지 마라

돈을 벌기 위해 인생의 전부를 걸지 마라.

"문제는 경제야, 멍청아."

빌 클린턴의 선거 전략가 제임스 카빌James Carville이 외친 말이자 1992년 미국 대통령 선거 운동의 핵심 메시지다. 카빌은 당시 미국에 닥친 일자리의 감소, 그로 인한 비숙련 노동자들의 곤경, 결국 텅 비어버린 그들의 주머니에 초점을 맞추어 이런 구호를 만들어냈다. 이 선거 구호는 나에게 경제가 중요함에도 불구하고 학교나 가정에서 거의 언급되지 않는 현실을 새삼스레 떠올려주었다. 그렇다고 내가 여기서 경제학 강의를 할까 지레 겁먹을 필요는 없다. 영국 경제의 미래를 예측하고 공부해두면 좋겠지만, 영국이 낳은 저명한 경제학자 존 메이너드 케인스에 대해 강의하려고 이 편지를 쓰는 것은 아니다.

나는 그저 너희의 개인적인 경제 상황, 즉 너희의 돈에

관심이 있을 뿐이다. 물론 다른 편지들과 달리 이 편지는 철학적인 면보다 실질적인 면을 이야기한다는 걸 인정하지만, 그래도 돈은 중요하다. 특히 너희에게 돈이 없다면 돈은 무엇보다 중요하고, 너희가 생각보다 많은 돈을 갖고 있더라도 돈은 꽤 중요할 수 있다. 이제부터 내가 경험에서 배운 것을 알려주려 한다.

이미 수차례 말했듯이 나는 아일랜드의 교구 목사관에서 자랐다. 집에서 돈이란 단어는 전혀 언급되지 않았지만, 그렇다고 돈이 많았던 것은 아니다. 내 아버지가 성직자라는 소명으로 지원받은 자금을 바라보는 방식 때문이었다. 아버지가 소속된 아일랜드 성공회가 바라던 대로, 아버지는 돈을 자신의 역할에 대한 보상으로 생각하지 않았다. 돈이 성직자의 성패를 측정하는 기준이라면, 이른바 성직자로서의 '영혼의 돌봄'을 어떻게 평가하겠는가?

아일랜드 성공회는 아버지에게 거처와 급료를 제공했다. 급료는 먹고 살기에 충분하지만 부유하지는 않을 정도로 책정되었다. 넉넉하지는 않았지만 무료로 제공되는 주택과 널찍한 정원을 고려하면 부족함이 없었다. 이런 배려에서 보이듯이 돈은 결코 아버지의 역량을 평가하는 척도가 아

니었다. 급료가 고정되어 교섭의 여지가 없었지만, 대신 돈 문제로 고민할 필요가 없던 아버지는 어디에도 얽매이지 않고 자유롭게 자신의 일에 전념할 수 있었다. 적정한 수입은 성직자라는 직업의 규범이었다. 이런 이유로 부자가 되고 싶은 사람은 성직자가 되지 않았다. 앞으로 더 많은 직업이 이런 급료 방식을 도입한다면 사람들에게 도움이 될 수 있지 않을까. 더 나아가 너희도 각자의 삶에 이 방식을 도입할 가능성을 타진해볼 수도 있을 것이다.

정말 좋아하는 일을 하면 돈의 많고 적음은 그다지 중요하지 않은 건 맞다. 화가는 그림을 그릴 수 있으면 다락방에서라도 살 것이다. 나는 석유회사 간부에서 학교 교수로, 다시 프리랜서 작가로 변신하며 매번 내 일에서 더 큰 즐거움과 성취감을 기대했고, 그 대가로 소득에 있어서 큰 삭감을 받아들여야 했다. 하지만 소득이 '충분'하면 우리 부부는 그것으로 만족했다.

그렇다고 너희에게 나처럼 금전적 손해를 기꺼이 감수하라고 권하는 것은 아니다. 오히려 얼마를 버느냐보다 무엇을 하느냐에 중점을 두는 게 중요하다고 강조하는 것이다. 그렇게 하려면 생활 수준을 소득에 맞게 조절해야지,

얼마를 버느냐보다 무엇을 하느냐를 중점에 둬라.

생활 수준을 소득에 맞게 조절하라.

생활 수준을 유지하려고 돈을 더 벌려고 하지 마라.

돈을 탐내면 영혼이 파괴된다.

생활 수준을 유지하려고 돈을 더 벌려고 달려들어서는 안 된다. 친구들이 너희보다 높은 수준의 삶을 산다면 쉽지 않겠지만, 결국 너희는 보람 있는 삶을 살게 될 것이다. 돈을 탐내면 영혼이 파괴된다.

돈에 대한 내 아내의 철학은 이상하지만 주목할 만했다. 아내는 투자와 지출을 명확히 구분했다. 무엇인가를 투자라고 생각하면 아내는 가장 좋은 것을 목표로 삼았고, 그 목표를 위해 필요하면 돈을 빌리기도 했다. 언젠가 우리집 정원에 탁구장을 설치하는 문제로 아내와 입씨름하던 때가 지금도 기억에 생생하다. 나는 건축업자가 "합판으로 할까요, 떡갈나무로 할까요?"라고 묻는 소리를 우연히 엿들었고, "당연히 떡갈나무로 지어야지요"라는 아내의 대답에 심장이 떨어지는 것 같았다. 그러나 지금 그곳이 여분의 침실로 무척 유용하게 사용되고 있으니, 결국 아내의 판단이 옳았던 셈이다.

사진작가였던 아내에게 카메라는 언제나 투자였다. 터

무니없이 비싼 카메라도 마찬가지였다. 내가 "그 돈이면 자동차도 사겠는걸!" 하고 궁시렁대자 아내는 "나한테 필요한 건 자동차가 아니라 카메라예요!"라고 짧게 응수할 뿐이었다.

지출은 완전히 다른 문제였다. 아내는 돈을 쓸 필요가 없는 곳에 지출하는 걸 혐오했다. 아내 입장에서 외식비는 집에서 똑같은 요리를 해서 먹는 경우에 비하면 터무니없이 비쌌고, 외식 자체가 몹시 번거로운 일이었다. 외출할 때 버스를 두고 택시를 타는 것도 낭비였다. 더구나 우리 같은 노인에게 버스는 무료였다. 하지만 좋은 옷을 비싸게 사더라도 오랫동안 입을 수 있다면, 그건 투자였다.

나는 정반대였다. '버리고 새로 마련한다'가 아니라 '수리하면서 오래 사용한다'가 원칙인 '충분함'의 문화에서 성장한 나는 물건보다 '경험'을 더 갈망했다. 외식과 영화 관람, 여행 등 정작 돈을 써도 남는 것이 없는 것에 지출하는 걸 좋아했다. 그래서 나와 정반대로 생각하는 사람과 결혼한 것은 내게 천운이었다. 아내의 투자 중 적잖은 것들이 결실을 맺는 데에는 오랜 시간이 걸렸지만, 이제는 내 주변의 모든 것이 아내가 현명했다는 걸 보여주는 증거가 되

었다. 나는 아내의 철학을 '충분히' 사는 데 좋은 방법으로 추천할 수 있고, 국가 경제를 운영하는 최선책이라고도 말할 수 있다. '투자를 위해서만 돈을 빌리고, 수입 내에서 지출하라!' 내 아내였다면 훌륭한 재무장관이 되었을 것이다.

내가 여기서 강조하려는 것은 돈과 성취는 불안한 동반자라는 것이다. 마음에 드는 동료들을 만나고 적절한 돈을 벌면서 내가 하고 싶은 일을 찾아내겠다는 것은, 꿈에 불과하다는 걸 나는 오래전에 깨달았다. 직업적 소명이 있는 사람이라면 그 꿈을 이룰 가능성이 있지만, 이런 꿈의 조합을 찾아낼 사람은 거의 없을 것이다. 그 때문에 나는 꿈같이 완벽한 직업을 찾으려는 노력을 포기했고, 돈과 즐거움, 성취감이 적절히 조합된 삶을 살아가려면 두세 가지의 일을 결합해야만 한다는 걸 깨달았다. 말하자면, 내가 '워크 포트폴리오work portfolio'라고 칭하는 것을 짜야 했다.

마침내 강연료만으로 생활비를 충당할 수 있게 된 나는 내 진짜 직업이 책을 쓰는 작가라고 내세우기 시작했다. 책한 권이 팔리지 않아도 내 진짜 직업은 작가였다. 나는 이

런 삶을 '삼박자 워크 포트폴리오'라 칭했다. 급변하는 노동 세계에서 이 용어는 점차 널리 쓰이게 될 것이다.

너희도 나처럼 이상적인 일자리를 구하지 못한다면, 이런 워크 포트폴리오를 구성해보라고 권하고 싶다. 너희 시간 중 일부는 돈을 벌기 위해 일하고, 나머지 시간에는 너희가 정말 하고 싶은 일을 하는 것이다. 돈의 유혹에 깊이 빠져들지 않도록 조심해라. 돈을 벌려고 시간을 헛되이 보내기에 우리 삶은 너무도 소중하니까.

가장 소중한 것은
혼자 가질 수 없다

타인과의 연대에 대하여

개인적인 소망과 불확실성을 공유할 수 있는

사람들을 옆에 두어라.

'우리'는 함께하면 '나'의 부족한 부분을 채운다.

나는 너희가 '나'보다 '우리'라는 말을 더 많이 하는 삶을 살아가길 바란다. 개인적인 소망과 불확실성을 공유할 수 있는 사람들을 곁에 두는 것, 즉 동지애는 무척 중요하다. 그 대상이 반드시 삶의 동반자이어야 할 필요는 없다. 가족, 함께 일하는 팀이나 조직 전체, 심지어 시민 단체가 될 수도 있다.

나는 열 번째 편지에서 너희가 최대로 5명의 단짝 친구, 15명의 좋은 친구를 가질 수 있다는 로빈 던바의 주장을 소개했다. 그들이 너희 삶에서 가장 중요한 '우리'가 될 것이다. 특히 단짝 친구 5명은 너희의 삶이 무너지려 할 때 너희가 쓰러지지 않도록 지탱해주는 정신적 지주가 될 수 있다. 그 소수의 사람들은 너희에 대해 너무도 잘 알고 있어, 너희의 헛된 야망에 속지 않는다. 그래서 너희는 그들

에게 완전히 정직할 수 있다. 그때 너희는 그들과 더 끈끈히 결속될 것이고, 그들을 친절히 대하며 삶을 함께 살아가게 될 것이다.

우정은 예부터 소중히 여겨졌다. 셰익스피어의 《햄릿》에서 폴로니어스가 우정에 대해 아들 레이티스에게 건네는 충고는 유명하다.

친구들을 사귀고 겪어보아 괜찮다 싶으면
쇠테로 네 영혼에 묶어두어라.
그러나 머리에 피도 안 마른 젖내 나는 햇병아리들과
즐기느라 손바닥을 무디게 만들지 마라.

프랜시스 베이컨Francis Bacon은 진정한 친구가 없다면 세상은 황무지에 불과하다고 말하며 이렇게 덧붙였다.

다른 사람의 조언으로부터 받은 빛이 자신의 깨달음으로 얻는 빛보다 더 냉철하고 순수하다. …… 누구나 아들에게는 아버지로서, 아내에게는 남편의 자격으로, 적에게는 조건을 내걸며 말할 뿐이지만, 친구는 경우에 비추어

냉정하게 조언할 수 있다.

먼저 베이컨이 남자를 중심에 두고 말한 것에 그를 대신해 사과해야겠다. 여하튼 베이컨도 그 시대의 피조물이었다. 지금이었다면 베이컨이 여자에 대해서도 똑같이 말했을 것이라 확신한다. 진정한 친구라면 너희에게 상처를 주더라도 진실을 말할 것이다. 나는 한때 점점 벗겨지는 머리를 감추려고 머리카락을 열심히 앞으로 빗어 내렸다. 그야말로 우스꽝스런 짓이었지만, 아내도 아이들도 내 행동에 대해 함구했다. 결국 한 친구가 나에게 진실을 감추지 말라며 "대머리잖아. 아닌 척하느라 고생하지 마!"라고 말했다. 나는 그 충고를 받아들였고, 그 진실한 충고 덕분에 고통에서 해방되었다.

너희가 운이 좋다면 너희 삶에서 인도자이자 멘토 역할을 해줄 만한 손윗사람, 즉 너희의 장점을 찾아내 독려해주는 사람을 친구로 만날 수 있을 것이다. 나에게는 새로운 삶을 시작할 때마다 그 단계에서 도움을 준 세 사람이 있다. 나에게 반드시 대학에 가야 한다는 확신을 심어준 교장 선생님, 나를 크게 신뢰하고 "임명된 후에는 내 결정

이 옳았다는 걸 자네가 입증해야 할 걸세"라며 충분한 자격을 갖추지 못한 나를 정교수에 임용한 학장, 나를 미국 학계에 소개한 또 다른 학장이 그들이다. 나는 그들에게 크게 빚졌고, 평생 동안 그 은혜를 갚아 나가야 할 것이다. 힌두교 철학의 가르침대로, 내가 다른 사람들에게 똑같이 베푸는 것이 그들의 은혜를 갚는 최선의 방법일 것이다. 이 편지를 쓰는 것도 그런 노력의 일환이다.

하지만 너희에게 절친한 친구들은 대부분 나이와 성별이 같을 것이다. 그들은 삶에 영향을 미친 몇몇 사건을 너희와 함께 경험했을 가능성이 크다. 결속력은 경험의 공유로 형성되니 말이다. 예를 들자면 대학에서 방을 함께 사용했거나 한 팀으로 산악을 등반했을 수 있다. 어떤 식으로든 서로에게 의존하며 유대감을 쌓았을 것이다.

내 경우 성별의 차이를 의식하지 않고 여성과 우정을 갖는 데 무척 오랜 시간이 걸렸다. 우리 세대에는 삶에 영향을 미치거나 오랫동안 지속되는 경험이 아니더라도 남자와 여자가 경험을 공유하기가 쉽지 않았기 때문이다. 나중에야 나는 성별에 구애받지 않고 여성들과 우정을 쌓을 수 있었고, 덕분에 세상을 다른 관점에서 볼 수 있었다. 그

들과 쌓은 우정이 가장 보람찬 경험이었다는 걸 나중에야
깨달았다.

내 아내는 분명히 나에게 최고의 친구였다. 우리가 부부
였다는 게 도움이 되었을까? 물론이다. 우리는 서로의 삶
에 영향을 주는 경험을 55년 동안이나 공유했다. 우리가
법적으로 맺어졌고, 많은 사람 앞에서 백년해로하겠다고
약속했다는 것도 큰 역할을 했다. 하지만 그 이상으로 우
리 둘을 하나로 맺어준 것은 서로에 대한, 또 자식에 대
한, 나중에는 손주들에 대한 공동의 책무였다. 그 공동
의 책무가 없었다면 우리의 결혼생활이 그리 순탄하지만
은 않았을 것이다. 물론 사랑도 있지만, 열정이 사그라든
사랑은 하나됨togethernes, 즉 신체적이고 감정적인 표현의 '우
리'에서 나온다.

❧

나는 가끔 사람들을 관찰하며, 대화에서 '나'와 '우리'를
사용하는 횟수를 헤아린다. 그렇게 귀담아듣는 것만으로
도 그 사람에 대해 많은 것을 알게 된다. 하지만 누구도 너

나는 가끔 사람들이 대화에서

'나'와 '우리'를 사용하는 횟수를

마음속으로 헤아린다.

그렇게 귀담아듣는 것만으로도

사람들에 대해 많은 것을 알게 된다.

희에게 말해주지 않는 것이 있다. 동반자 관계, 절친한 친구 관계, 팀원 관계 등 모든 관계에서 '우리'의 확실한 이득을 누리려면, 가장 먼저 투자해야 한다는 것이다. 진정한 공생에 무임승차는 있을 수 없다. 얻으려면 먼저 주어야 한다. 이상적으로 말하면, 자신보다 타자를 더 배려하고 사랑해야만 먼저 줄 수 있다. 시인 필립 라킨[Philip Larkin]이 그러한 관계의 속성을 멋지게 표현해주었다.

> 우리는 서로를 소중히 하고
> 서로에게 친절해야 한다,
> 아직 시간이 있을 때.

친절은 우정을 이어주는 접착제다. 누구든 친구와 말다툼할 수 있고, 정치적·종교적 견해로 충돌할 수 있다. 하지만 말다툼할 때도 친절한 자세를 잃지 않고, 다른 의견을 가질 수 있는 친구의 권리를 존중해야 한다는 조건이 더해진다. 앞에서 언급했듯이, 스코틀랜드 철학자 데이비드 흄은 친구들과 논쟁하며 진실을 끌어내라고 조언했다. 흄의 조언이 옳았다.

나는 친구들과의 논쟁을 통해 많은 것을 배웠고, 언쟁하는 동안 내가 내뱉은 말에 스스로 놀란 때가 한두 번이 아니었다. 아일랜드 사람들은 "내가 말하는 걸 내가 직접 듣기 전에, 스스로 무슨 생각을 하는지 어떻게 알겠는가?"라고 흔히 말한다. 결혼생활도 다를 바가 없다. 우리 부부의 결혼생활이 그랬듯이, 최상의 결혼생활을 위해서는 다르지만 상호보완적인 능력들이 결합되어야 한다. 부부가 남편과 부인이라는 정형화된 역할을 넘어 새로운 결합 방식을 자유롭게 추구한다면, 더 나은 '우리'를 완성할 수 있을 것이다.

과거에 우리는 친구들을 두 부류, 배수관형과 라디에이터형으로 나누곤 했다. 배수관형은 우리에게 기운을 빼앗아가는 친구들, 그래서 조금이라도 빨리 헤어지고 싶은 친구들을 가리킨다. 반면에 라디에이터형은 만나면 재밌게 대화하고, 흥미로운 생각으로 우리에게 기운을 북돋워주며 삶을 더 풍요롭게 해주는 친구들을 가리킨다. 하지만 배수관형 중 가장 따분한 사람들도 그들의 관심을 끌 만한 주제가 이야깃거리로 선택되거나, 우리가 그저 그들과 그들의 걱정거리에 관심을 보여주어도 눈에 띄게 활기를

찾기 때문에 이런 기계적인 구분은 사실 마뜩잖다.

너희는 주변 사람들이 미소 짓고 환히 웃을 수 있도록 노력해야 한다. 이런 유치한 구분을 얘기하는 것도 우애 관계에서는 배수관형보다 라디에이터형이 되어야 한다는 걸 너희에게 상기시키기 위해서다.

사실 내가 보기에 이런 구분은 일반적으로 에너지의 문제였고, 나는 언제든 많은 에너지를 사람이나 상황에 투자할 각오가 되어 있었다. 간혹 가족에게는 긴장을 풀고 휴식을 취하며 설렁설렁 대화하고 싶은 유혹이 일었지만, 그때마다 나는 '나에게 가장 소중하고 가까운 사람들이 나에게 보여주는 관심을 당연시하며 그들에게 결례할 이유가 있는가?'라며 마음을 다잡았다. 결론적으로 라디에이터형은 항상 반갑지만, 배수관형도 최적의 경우에는 용납된다.

'우리'는 직장으로도 이어진다. 직장이 실질적 공간이 아닌 경우에도 마찬가지다. 나는 기업가들을 연구했다. 적어도 내가 만난 기업가들은 자신이 아이디어를 처음 제시

하긴 했어도, 혼자 힘으로는 성공하지 못했을 것이라고 이 구동성으로 말했다. 내가 앞에서 작은 것이 최선이라고 주장했지만, 작은 것이 제대로 작동하려면 팀이 되어야 한다. 팀은 목적을 공유하는 집단이고, 각 팀원이 나름대로 기여하는 몫이 있어야 한다. 팀은 느슨한 형태의 우정이지만, 각 팀원에 공유된 목적에 실질적으로 기여하고 서로의 몫을 존중할 때 최상으로 기능한다.

내 생각에 팀이 어떻게 운영되어야 하는가를 보여주는 최고의 예는 에이트 조정 경기다. 경기정競技艇에는 여덟 명, 콕스를 포함해 실질적으로는 아홉 명이 탄다. 에이트가 흥미로운 점은 과제에 따라 리더가 바뀐다는 것이다. 다른 조직처럼 고정된 리더가 없다. 물론 경기정을 대표하는 캡틴은 있다. 그가 공식적인 리더로서 승조원을 선발하는 동시에 팀을 대외적으로 대표하는 역할을 한다. 하지만 물 위에서는 캡틴도 동등한 승조원 중 한 명이며 주로 경기정의 중앙에서 노를 젓는다.

물 위에서는 리더의 역할이 정조整調, stroke에게 이양된다. 정조는 팀원들을 대신해 속도를 조절하는 역할을 한다. 콕스도 리더 역할을 한다. 콕스는 경기정에 타지만 노를

젓지 않는 유일한 선수로, 경기정이 진행하는 방향을 유일하게 볼 수 있어 방향 조절을 책임진다. 한 명의 리더가 더 있다. 바로 코치다. 코치는 경기정에 타지 않지만, 둑에서 혹은 경기 전후 대기실에서 선수들에게 조언하는 역할을 한다.

내 생각에 에이트는 팀의 이상적인 본보기다. 각 승조원은 개개인의 몫을 고려해 선택되지만 긴밀하게 협력해 노를 저어야 한다. 그렇지 않으면 팀 전체가 제대로 운영되지 않는다. 수년 전, 옥스퍼드대학교는 케임브리지대학교와의 경기를 앞두고 그 대학에서 재학하며 세계적인 명성을 지닌 조정 선수들로 팀을 구성했다. 그 선수들은 다른 팀원들과 함께 이른 아침부터 훈련할 필요성을 느끼지 못했다. 그래도 그들은 전문가답게 각자의 재능을 팀에 아낌없이 쏟아부었다. 하지만 별다른 효과가 없었다. 여덟 명의 자칭 스타들이 한 팀이 되지 못한 탓이었다.

팀으로서 역량을 발휘하려면 각자의 자존심을 팀보다 아래에 두었어야 했다. 결국 경기 직전에 그들은 팀에서 배제되었고, 상대적으로 경험은 적지만 더 패기만만한 학생들이 재선발되었다. 새롭게 구성된 팀원들은 팀을 위한

헌신과 책무로 개개인의 부족한 재능과 경험을 보완했다. 그들은 승리를 거두었고, '우리'가 팀이 되면 '나'를 이긴다는 걸 입증해 보였다.

스포츠뿐 아니라 예술도 마찬가지다. 배우나 연주자, 혹은 선수가 관심을 독차지하려 할수록 공연을 망치는 데 그치지 않고 그 자신의 평판마저 떨어뜨리게 된다. 테니스 선수는 아무리 뛰어나더라도 그를 중심으로 팀을 구성한다. 최고의 선수에게도 코치가 있지 않은가. 누구도 더 이상 배울 필요가 없을 정도로 뛰어나지 않다. 이 점에서는 어떤 조직도 예외가 없다. 작은 집단, 상황에 따라 바뀌는 리더십, 공통의 관심사, 명확한 목표, 이런 것들이 탁월함을 위한 기본 조건이다.

밖에서 팀을 바라보는 코치의 역할과 규칙적인 반성의 시간을 갖는 것도 중요하다. 외부의 평가가 필요하지 않을 정도로 뛰어난 사람은 없다. 어떤 행동이든 규칙적인 점검이 뒤따라야 한다. 동료애는 신뢰와 이익의 공유를 기반으로 한다. 너희가 이런 팀의 일원이 된다면 운이 좋은 것이다. 훗날 책임자가 될 기회가 주어진다면, 에이트 유형의 팀을 구성하기 위해 최선의 노력을 다해야 할 것이다.

나는 최근에 아내를 잃었다. 거의 반세기만에 처음으로 혼자가 되었다. 기분이 이상하다. 그렇다고 내가 외롭다고 말할 수는 없다. 많은 사람이 여전히 나를 만나러 오고 극장이나 공연장에 나를 초대해 함께 간다. 그러나 '하나됨', 즉 삶을 공유하고 공통의 목표를 추구하는 사람이 곁에 있다는 기분은 사라졌다. 어느 정도의 자유가 생긴 것은 사실이다. 어떤 결정을 내릴 때 옆 사람을 생각할 필요가 없어졌다. 내가 원할 때 잠자리에 들고, 내가 먹고 싶은 것을 먹고, 내가 좋아하는 사람을 만날 수 있다. 그러나 그 자유가 하나됨의 상실을 메워주지는 못한다.

내 머릿속에는 여전히 아내가 굳건히 자리잡고 있다. 또한 거의 매 순간 아내를 생각하고, 지금도 모든 것을 아내가 좋아했던 방식대로 되풀이할 뿐이다. 게다가 지금도 습관적으로, 아내가 즐겨 앉던 의자 너머를 바라보며 아내가 텔레비전 뉴스를 시청하다가 잠들지 않았는지 확인한다. 내가 여행을 계획하거나 어떤 작품에 대해 의견을 구할 때 아내가 조언하는 목소리가 귓가에 들리는 듯하고, 이 글을 읽으며 좋은 쪽이든 나쁜 쪽이든 솔직한 의견을 나에게 제시하는 모습이 머릿속에 그려지기도 한다.

나는 가장 좋은 친구를 잃었다. 어쩌면 너희도 그렇겠지만, 우리는 누군가 혹은 무엇인가를 잃은 후에야 그 존재가 얼마나 특별한 존재인지를 깨닫는다. 우정도 마찬가지다. 우정을 당연한 것이라 생각하지 말아라. 그 특별한 친구들을 소중히 아껴라. 그들이 떠난 후에는 그들이 그리워질 테니.

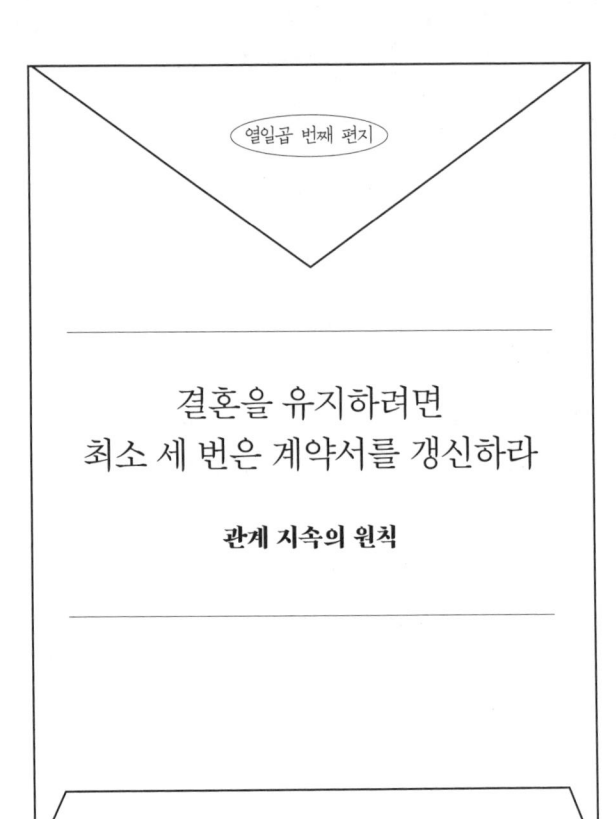

열일곱 번째 편지

결혼을 유지하려면
최소 세 번은 계약서를 갱신하라

관계 지속의 원칙

누군가와 관계를 맺게 된다면,

상대를 반드시 고려하라.

시간이 지남에 따라 선택도 끊임없이 수정되어야 한다.

그렇지 않으면 그 관계는 오래 지속되지 않는다.

적절한 때가 되면 너희가 누군가를 사랑하고, 결혼이라 칭하든 다른 이름으로 칭하든 서로에게 헌신하는 오랜 관계를 시작할 수 있기를 바란다. 모든 관계가 그렇듯이 부부 관계도 항상 쉬운 것은 아니지만, 삶의 터전이자 미래의 가족을 구성하는 데 결혼보다 더 나은 것은 없다. 내가 결혼에 대해 너희에게 도움을 줄 수 있다면, 내 이야기에서 너희가 무엇인가 배우기를 기대하며 결혼이 나에게 어떤 것이었는지를 솔직히 이야기해 주는 것이 최선일 듯하다.

나에게 결혼식 날은 낭만으로 가득한 날이었고, 불안과 환희가 뒤섞인 날이기도 했다. 우리는 서로 이런저런 약속을 했고, 잔을 들어 건배했고, 케이크를 잘랐고, 우리를 축하하려고 모인 손님들에게 손을 흔들어 감사의 뜻을 전했

다. 그리고 우리의 여정을 시작했다. 무엇을 향한 여정이었을까?

우리는 차분히 마주보고 앉아 그에 대해 이야기를 나눈 적이 없었다. 결혼생활을 어떻게 꾸려가고, 누가 무엇을 하고, 무엇을 우선시할 것인지에 대해 대화한 적이 없었다. 그저 우리 관계는 좋았고, 앞으로도 좋을 것이라 확신했다. 결혼이 일종의 비즈니스인 양 괜스레 계획을 세우고 분석하는 법석으로 관계를 망칠 필요가 없다고 생각했다.

50년 전이었던 까닭에 우리 부부에게는 내 직장이 당연히 우선시되었고, 그에 맞춰 우리가 어디에 살고 어떻게 살아야 하는지가 결정되었다. 아내 엘리자베스는 집안일을 맡아야 했고, 자식이 생기면 양육을 도맡아야 했다. 엘리자베스가 많은 것에 관심을 두고 다양한 재능을 개발하고 싶었어도 집안일과 내 삶을 우선시하며, 적절히 순위를 조절해야 했다. 나는 그녀도 그렇게 생각했을 것이라 추측했다. 그녀에게 물어본 기억은 없다.

돌이켜보면 나는 지독히 이기적이었다. 내가 기업에서 학교로, 다시 교회를 위한 일로 내 시간을 더 많이 할애해

야 하는 세계로 직업을 옮겼다는 사실을 감안하면 더더욱 그렇다. 게다가 직업을 옮길 때마다 보수가 늘기는커녕 오히려 줄어든 것도 문제였다. 엘리자베스는 점점 늘어가는 차액을 메워야 했지만, 인테리어 디자인 회사를 직접 운영하고 작은 아파트들을 임대하는 사업까지 해내며 언제나 꿋꿋하게 그 역할을 해냈다. 그 과정에서도 집안일을 우선적으로 관리하는 걸 등한시하지 않았다. 그 때문이었는지 나는 엘리자베스에게 식료품비와 가정용품비라는 명목으로 한번도 돈을 준 적이 없었다. 엘리자베스는 자신의 수입으로 그 모든 것을 충당했고, 나는 정기적으로 지출되는 비용, 대출금과 공과금과 수선비를 처리했다. 물론 술값도 내 몫이었다.

당시에는 흔치 않은 현상이었다. 내 아버지는 어머니에게 매달 정기적으로 일정한 액수의 돈을 주었고, 어머니는 그 돈으로 집안을 꾸려나갔다. 어머니가 무엇에 얼마를 썼는지 기억해내려 애쓰며 가계부를 앞에 두고 고민하던 모습이 아직도 내 기억에 생생하다. 가장 빈번한 지출 항목은 'SPG'인 듯했다. 나는 그 약어가 아버지와 어머니에게 가장 소중했던 선교 단체 '복음 전파회'Society for the Propagation

of the Gospel'를 뜻하는 것이라 생각했지만, 어느 날인가 어머니는 그 약어가 '아마도 식료품Something Probably Grub'을 뜻하는 거라고 털어놓았다.

이런 점에서 우리 부부도 크게 다르지 않았다. 어쩌면 사회 전체가 과거의 관습을 그대로 따르고 있었다. 나는 집안에서 모든 것을 좌지우지하는 우두머리가 아니었지만, 여전히 집밖에서는 내가 우리집을 대표하는 사람이었다. 우리는 이 부분에 대해서도 정식으로 협의한 적이 없었다. 상황에 따라 그 문제가 불거졌을 뿐이다.

지금 생각하면 내가 집에서 아무런 역할을 하지 않은 것이 부끄럽기만 하다. 한 대뿐이던 자동차를 운전해 아침 일찍 출근했고, 아이들이 모두 잠든 후에야 밤늦게 퇴근했다. 엘리자베스는 아이들을 자전거에 태워 학교에 데려다주고, 장보기와 집안일을 도맡아 하면서도 틈틈이 자기 일을 해야 했다. 우리 둘은 모두 우리 시대에서 태어나 살아왔기에, 그런 삶이 친구들과 동료들 사이에서도 일반적인 결혼생활일 걸로 이해했다. 왜 우리는 그런 문제들을 정식으로 논의하지 않았을까?

우리는 친구들과 친척들 앞에서 많은 것을 서약하고 약

속했다. 서로 사랑하고 배려하겠다는 서약서에 서명하기도 했다. 그러나 무엇을 어떻게 하겠다고 구체적으로 나열한 합의서는 없었다. 공식 계약서에 반드시 덧붙여져야 했던 부록은 생략되었다. 당시 거의 모두가 그랬듯이, 우리도 살아가면서 문제들을 하나씩 해결해나갔다. 물론 오랜 시간이 지나지 않아, 우리가 그 부록에 들어가야 할 내용을 완전히 다르게 생각고 있다는 것도 알게 되었다. 하지만 서로 그런 생각을 겉으로 드러내지 않았기 때문에 상대에 대한 원망은 속에서만 들끓었고, 때때로 걷잡을 수 없이 폭발하기도 했다.

꿈

모든 관계가 '기대치의 균형'이란 암묵적인 계약을 기반으로 한다는 것은 부인할 수 없다. 기대치가 명확히 표현되지 않으면 오해는 필연적이다. 게다가 계약은 양쪽 모두에게 공정해야 한다.

오래전 기업에서 일할 때 나는 말레이시아에서 중국계 대리인과 협상해 계약을 맺어야 했다. 우리는 모든 조건

에 합의했고, 악수하고는 관례에 따라 브랜디를 채운 술잔을 나누기도 했다. 그리고 나는 정식 계약서를 꺼내 그에게 서명을 요구했다. 그랬더니 그가 버럭 화를 내며 말했다. "이런 것이 왜 필요하지요? 나를 믿지 못합니까? 우리 둘이 계약을 통해 원하는 걸 얻는 경우에만 계약은 효과가 있을 뿐입니다. 서명은 쓸데없는 짓입니다. 서명을 강요하면, 이번 거래에서 당신이 나보다 이익을 보았기 때문에 나를 이 계약에 옭아매두고 싶은 거라고 의심하게 됩니다."

나는 형식적인 절차에 불과하다고 그를 설득했지만, 그럼에도 그의 주장을 납득할 수 있었다. 그 후로 그의 말은 내 기억에서 잊혀지지 않았다. 기업에서든 인간관계에서든 어떤 거래를 양쪽 모두가 공정하다고 생각하지 않는다면, 그 거래는 지속되지 못한다. 내가 삶을 살아가는 과정에서 중국인과 계약하던 때를 기억하며 양쪽 모두가 원하는 걸 충분히 얻도록 계약을 맺었더라면, 우리 부부는 많은 불행을 피할 수 있었을 것이다. 더구나 중국인과의 계약은 한시적이었다. 따라서 때가 되면 협상을 다시 해야 했다. 암묵적인 결혼 계약도 다를 게 없다. 상황이 변하고

직업도 변한다. 아이들도 자란다. 게다가 반려자가 죽거나 병에 걸린다.

우리 부부의 경우도 마찬가지였다. 나는 쉰 살에 모든 일을 그만두었다. 내가 일하고 싶은 분야에서 나를 원할 만한 곳은 없었다. 은퇴하기에는 너무 빨랐고 저축해둔 돈도 많지 않아 독자적으로 활동하는 작가이자 강연자가 되었다. 자유로워 좋았지만 수입은 불안정했다. 그렇다고 내가 나서서 강연의 기회를 부탁하기도 쑥스러웠다. 결국 아내가 구원자로 나섰다. 아내가 내 대리인이자 관리자가 되었고, 그 역할을 능수능란하게 해냈다. 정확히 말하면, 너무도 잘해낸 덕분에 나는 오히려 더 바빠졌고 더 많은 돈을 벌었다. 아내가 그 역할을 중단하겠다고 실질적으로 통보한 날까지 말이다!

아내는 자신의 삶을 내 삶에 깊이 침잠시킨 채 살아왔다고 말했다. 당시 아내는 5년 동안 틈틈이 공부한 끝에 사진으로 학위를 획득한 때였고, 인물 전문 사진작가가 되고 싶은 꿈을 펼치고 싶어 했다. 그제야 아내는 자신의 길을 걷기 시작했다. 그녀의 삶에서 처음 50년을 거의 다른 일로 흘려보낸 뒤였다. 대부분이 내 잘못이었다.

그때 우리는 마주보고 앉아 적정한 계약 협상을 시작했다. 우리는 한 해를 두 기간으로 나누기로 합의했다. 여름을 포함한 6개월은 아내의 일에 우선순위를 두고, 나는 뒷바라지를 하기로 했다. 따라서 그 기간에는 연구와 글쓰기에 집중하며 외부 일정을 잡지 않았다. 그러나 겨울을 포함한 6개월 동안 나는 자유롭게 강연 일정을 만들 수 있었고, 아내도 강연 계획을 짜는 일을 도와주었다. 그 밖에도 우리는 장보고 요리하는 일도 절반씩 분담하기로 합의했다. 우리가 런던 아파트에서 지낼 때는 아내가, 시골 별장에서 지낼 때는 내가 그 역할을 맡았다.

우리 둘은 모두 어떤 조직에도 소속되지 않은 프리랜서였고, 아이들도 모두 집을 떠나 원하는 방식으로 삶을 자유롭게 꾸릴 수 있었다는 점에서 우리는 행운아였다. 모두가 그 정도의 자유를 누리지는 못하더라도 자식들이 집을 떠나고 일이 줄어들거나 직업이 바뀌는 중년이 되면, 부부 관계를 재정립할 필요가 있다. 하지만 안타깝게도 한쪽이 아무런 논의도 없이 일방적으로 결정하며 계약을 변경하는 경우가 비일비재하다. 대체로 예전부터 함께해온 사람이어서 그렇겠지만 새로운 동반자를 구하는 경우에도 다

를 바가 없다. 우리 부부는 그런 면에서 잘 맞았다. 우리는 서로 도움을 주고 일을 공유할 수 있었고, 덕분에 새로운 관계에서도 하나가 될 수 있었다.

우리 부부가 새로 맺은 계약은 거의 20년 동안 지속되었다. 정말 보람 있고 즐거운 시간이었다. 그 후에 상황이 다시 바뀌었다. 내 나이가 일흔다섯을 향해 다가가던 때였다. 법에 따라 나는 저축을 연금으로 전환해야 했다. 달리 말하면, 내가 예전만큼 많이 벌어야 할 필요가 없어졌다는 뜻이었다. 여하튼 나는 신통찮지만 연금을 확보하게 되었다. 더구나 그 시기에 아이들이 뒤늦게 손주들을 낳기 시작했다. 그때는 그 어린 손주들이 큰 즐거움을 줌과 동시에 많은 시간을 빼앗을 줄은 정말 몰랐다.

삶의 방식도 다시 한번 변해야 했다. 이번에는 사람들이 흔히 은퇴라고 생각하는 것에 더 가까워졌다. 우리 부부의 삶에서 유급 노동이 더 이상 큰 부분을 차지하지 않게 되었지만, 그렇다고 완전히 은퇴한 것은 아니었다. 우리 부부는 예전보다 더 바빠졌고 그 이유는 달랐다. 따라서 다시 새로운 계약이 필요했다.

어떤 형태로든 일이 계약에 포함되어야 했다. 진지한 면

이 전혀 없는 삶은 무의미하다. 그래도 돈을 버는 일을 많이 할 필요가 없어, 우리 부부에게는 자원봉사를 할 여유가 더 많아졌다. 우리는 우리의 능력과 관심사를 결합한 합동 프로젝트를 무상으로 진행하기 시작했다. 예컨대 자원봉사 단체들을 위한 사진 다큐멘터리를 제작했다.

그때부터 우리는 함께 일했기 때문에 한 해를 두 부분으로 나누지 않았다. 또 고정된 수입과 차츰 줄어들 가능성이 짙은 수입에 의존해 살아야 했던 탓에 삶의 방식을 단순화하고, 새로운 것을 모으는 대신에 기존의 것을 버리며 규모를 줄일 필요가 있었다. 우리가 과거에는 당연시하던 많은 것이 그때는 불필요하고 심지어 무의미하게 보였다.

삶은 계속 전진하고 많은 것을 뒤에 남긴다. 그렇기에 어떻게 하면 우리에게 남은 시간을 가장 효과적으로 사용할 수 있을까 고민할 필요가 있었다. 그 나이에 새로운 야망을 불태우는 건 쓸데없는 짓이었고, 성취도 세속적인 성공과는 다른 것을 뜻하게 되었다.

마지막으로 남은 시간은 우리에게 더할 나위 없이 소중했다. 우리 부부는 그 시간을 최대한 활용하고 즐기고 싶었다. 새로운 계획을 위해서는 신중한 생각이 필요했다. 할 일이 있고, 사랑할 사람이 있고, 기대할 것이 있어야 행복하다는 말이 있지 않은가. 이 세 가지는 예나 지금이나 삶을 살 만하게 만드는 필수 요건이다. 물론 우리 부부는 운 좋은 세대 중에서도 특히 운 좋은 사람들이었다. 겉보기에 편안했던 우리 삶을 부러워하는 사람도 많았을지 모른다. 그러나 당시에는 우리 삶도 쉽지만은 않았다.

모두가 우리처럼 선택의 자유를 마음껏 누리지는 못할 것이다. 그러나 어떤 환경에서나 우리는 여러 선택지 중에서 선택을 할 수 있다.

너희가 운 좋게 누군가와 관계를 맺거나 맺게 된다면, 선택할 때 상대를 반드시 고려해야 한다. 또 삶이 변함에 따라 선택도 끊임없이 수정해야 한다. 그렇지 않으면 관계가 원만하지 않을 것이다. 우리 부부는 오랫동안 시행착오를 거듭하며, 때로는 힘들게 그런 교훈을 얻었다. 그러나 그만한 가치가 있는 교훈이었다.

사람들이 재혼이나 삼혼에 대해 언급할 때 나도 세 번

결혼했다고 반＊농담조로 말하곤 한다. 그러나 내 경우에는 세 번의 결혼 상대가 똑같은 여자였다는 게 다르다. 그럴 때가 오면 너희도 시도해보길 바란다. 같은 배우자와 다른 식으로 살아보길.

셀 수 없는 것이
셀 수 있는 것보다 더 강하다

숫자에 현혹되지 않는 법

셀 수 있는 것에 인생을 맡기지 마라.

셀 수 있는 것은 부정직하고, 쉽게 조작될 수 있다.

삶을 지탱해주는 가치들은 셀 수 없는 것들이다.

"셀 수 없는 것은 중요하지 않다." 이런 말이 존재하듯이, 우리 삶에서 많은 부분이 순전히 숫자 놀음인 것은 사실이다. 국가의 경제 규모부터 개인의 전기 소비량이나 영양 섭취량까지 숫자로 측정되고 평가된다. 음악을 제외하면 숫자, 더 나아가 숫자의 학문인 수학과 통계학은 번역이 필요 없는 유일한 국제 언어다. 음악조차도 또 다른 형태의 숫자다. 국경과 언어를 초월해 세상의 모두가 똑같이 합산하고, 똑같은 식으로 그래프를 읽고 똑같은 식으로 계산한다. 주목할 만한 현상인 것은 분명하다. 이런 이유만으로도 모두가 수학 언어, 특히 통계학 언어를 가급적이면 일찍 배울 필요가 있다.

하지만 숫자는 부정직하다. 숫자가 항상 진실, 온전한 사실을 말하지는 않기 때문이다. 한 기업의 경영 보고서

의 대차대조표에는 기업계가 흔히 그들의 주된 자산이라고 말하는 '사람의 가치'에 대한 평가가 포함되지 않는다. 사람은 손익 계정에서 비용으로 계산될 뿐이다. 한편 국민총생산Gross National Product, GNP에는 생산 이상의 것이 포함된다. 정부와 군대의 운영 비용, 교통사고로 발생한 비용, 그로 인한 병원비와 수리비는 모두 GNP를 계산할 때 포함되지만, 한 국가가 생산한 것으로 보기에는 합당하지 않은 면이 있다. 또 양육, 집안일, 연로한 가족의 돌봄 등 모든 무보수 노동은 계산되지 않는 반면에 매춘과 마약 거래는 추정치로 포함되니 말이다.

통계학자들의 계산에 따르면, 노인들에게 필요한 방문 요양 서비스를 제공할 사람들을 고용하려면 한 사람에게 연간 2만 5,000파운드 이상을 지급할 수 있어야 한다고 한다. 이 항목이 새롭게 GNP에 더해지면 국가가 개입된 것이 되지만, 달라지는 건 아무것도 없을 것이다. 결국 어떤 숫자가 어떻게 계산된 것인지, 즉 무엇이 포함되고 무엇이 빠졌는지 제대로 알지 못하면 그 숫자의 의미를 정확히 이해할 수 없다.

숫자는 또 쉽게 조작될 수 있다. 어떤 건강 관련 보고서

가 매일 6.5킬로미터 이상을 달리는 사람은 다른 사람보다 특정한 발질환이 발병할 가능성이 50퍼센트가량 높다고 발표했다고 가정해보자. 그럼 조깅하는 사람들은 걱정하기 시작할 것이다. 그러나 그 보고서에는 언급하지 않은 사실이 있다. 특정한 발질환이 조깅하는 사람의 1퍼센트에서만 발병된다는 것, 그렇기에 1퍼센트의 50퍼센트에 불과한 발병률을 뜻하므로 걱정할 가치가 없다는 것이다. 다른 예로 기자들은 통화량의 증감을 강조하고 싶을 때, 출발점을 0이 아니라 평균값보다 훨씬 더 높거나 비슷한 지점에 두는 식으로 그래프를 그린다. 그럼 그래프가 왜곡되어 등락이 과장되어 보인다. 이런 경우에는 결론에만 주목하지 않고, 그래프의 기준점까지 파악할 수 있어야 한다.

이런 숫자의 왜곡 효과는 로버트 맥나마라Robert McNamara가 미국 국방장관으로서 계획했던 베트남 전쟁에서 여실히 입증되었다. 로버트 맥나마라는 어떤 기준에서 보나 크게 성공한 사람이었다. 하버드대학교를 졸업한 맥나마라는 1960년대에 포드 자동차의 사장이 되었지만, 곧이어 국방장관으로 취임했다. 맥나마라는 미국의 활력과 기백을 보여주는 완벽한 전형이었다. 그러나 그에게도 하나의

결정적인 결함이 있었다. 바로 세상을 숫자로만 이해하려는 것이었다. 베트남 전쟁은 숫자로 측정되지 않는 혼란스런 인간 갈등의 결과물이었지, 공장에서 부품들을 조립해 생산하는 상품이 아니었다.

달리 말하면, 수치적으로 계산된 아군과 적군의 피해 규모만으로 성패가 결정되는 것이 아니었기 때문에 맥나마라의 사고방식에는 문제가 있었다. 맥나마라의 통계학적 방법은 보이지 않는 수많은 변수를 고려하지 않았기에 베트남 전쟁은 통제 불능 상태로 치달았고, 그 결과 미국 국민은 베트남 전쟁 개입을 반대하기에 이르렀다. 서류상으로는 미국이 그 전쟁에서 '승리'하고 있었지만 실질적으로는 패배한 것이었다.

사회학자 대니얼 얀켈로비치Daniel Yankelovich는 맥나마라의 문제를 '맥나마라 오류McNamara fallacy'라는 이름으로 요약해주었다. 그 오류는 대략 다음과 같은 특징을 띤다.

첫 번째 단계에서는 쉽게 측정되는 것은 무엇이든 일단 측정한다. 이 방법은 어느 정도까지는 괜찮다. 두 번째 단계에서는 쉽게 측정되지 않는 것은 무시하거나, 임의적인 계량값을 부여한다. 인위적인 결정이어서 잘못된 결과를

도출하기 십상이다. 세 번째 단계에서는 쉽게 측정되지 않는 것은 중요하지 않은 것이라 가정한다. 그야말로 무분별의 극치다. 네 번째 단계에서는 쉽게 측정되지 않는 것은 실제로 존재하지 않는 것이라 결론짓는다. 이쯤되면 자살행위나 다름없다.

맥나마라는 자신까지 기만했다. 베트남 전쟁이 끝나고 오랜 시간이 지난 후, 그는 베트남 전쟁을 이길 수 없는 전쟁으로 생각한 적이 많았지만 숫자를 믿고 전쟁을 계속했던 것이라 인정했다.

교육에서도 이와 유사한 현상이 일어난다. 교사들은 전인격적인 인간을 키워내고, 아이들의 장점을 끌어내고 싶다고 말한다. 또 시험 결과는 아이들의 여러 능력 중 일부를 측정한 것에 불과하지만, 객관적으로 확보할 수 있는 유일한 평가치이기 때문에 점수를 근거로 판단할 수밖에 없다는 것도 인정한다. 그렇게 숫자로 측정될 수 없는 재능은 실질적으로는 무시된다. 교사는 이런 현실을 인정하지만, 숫자와 교육 시스템은 교사에게 측정될 수 있는 것에 집중하라고 요구한다. 그 결과로 숫자가 전인격적 교육을 실질적으로 대체하게 된다.

부모들은 맥나마라처럼 현재의 교육 시스템이 절반의 진실만을 말하고 있다는 걸 직감하고 있지만 여전히 아이들이 현재의 교육 시스템에서 성공하기를 바란다. 숫자만으로 평가하는 방식을 모른 체하고 넘겨버린다.

✿

나이가 들수록 상황은 더 나빠진다. 우리가 어느 정도나 성장했는지 어떻게 평가할 수 있을까? 삶은 긴 여정이다. 우리가 특별한 목적지를 염두에 두고 있지 않더라도 그 여정에서 어디쯤 와 있는지 알아야 할 필요가 있다. 누구나 행복하고 싶고, 사랑하고 사랑받고 싶기 마련이다. 또 친구들과 우정을 나누고 동료들과 교제하는 즐거움을 누리고, 운동으로 땀을 흘리고, 여행하며 예술품을 감상하고, 맛있는 음식을 먹고 멋진 음악을 듣고, 삶을 즐겁게 해주는 모든 것을 경험하길 바란다.

우리는 이 모든 것을 소중하게 생각할 수 있지만 그 가치를 측정하지는 못한다. 따라서 페이스북에서 '좋아요'의 숫자나 트위터 팔로워의 숫자를 그런 측정치의 대체물로

열여덟 번째 편지

삼는다. 혹은 주변 사람들의 직책이나 연봉을 비교한다. 결국 이런 숫자들은 그 자체로 중요한 것이 되어버리고, 숫자를 위한 숫자를 끊임없이 추구하게 된다.

기업 경영자들은 터무니없이 많은 상여금이 필요하지 않고, 그런 상여금이 따가운 눈총을 받는다는 걸 뻔히 알고 있다. 그럼에도 그런 상여금을 열렬히 받아들이는 이유가 무엇일까? 상여금이 그들의 성공 여부를 대외적으로 나타내는 기준이 되기 때문이다. 그들의 상여금이 자선 기관을 위한 상품권 형식으로 지급된다면, 또 모든 상여금이 그런 방식으로 지급된다면, 상여금도 판단의 기준으로 공정할 수 있다. 그런데 경영자로서의 능력을 발휘하도록 그들을 설득하는 데 그처럼 많은 상여금이 필요한 이유는 무엇일까? 다른 전문직은 이런 식으로 운영되지 않는다. 내가 사회생활을 시작하며 처음 몸담았던 기업도 그렇게 운영되지 않았다. 돈을 성공의 기준을 삼는다면 숫자가 너희 눈빛을 반짝거리게 만들 수 있을지 모르지만, 너희는 일과 삶의 진정한 목적을 상실하게 될 것이다.

맥나마라 오류가 맞다면, 우리 삶에서 많은 부분이 두 번째나 세 번째 단계의 오류를 범한다. 아름다움과 조화,

사랑과 친절, 희망과 용기, 정직과 충성 등 삶을 가치 있게 하는 모든 것은 물론이고, 부정행위와 속임수 같이 정반대의 옳지 않은 것도 숫자로 측정되지 않는다. 그 때문인지 착하고 좋은 사람이 꼴찌가 되는 경우가 적지 않다. 그러나 그런 결과는 너희가 삶이란 경주를 어떻게 정의하느냐에 따라 달라진다. 너희가 삶을 어떻게 살고 싶은지 하루라도 빨리 알게 된다면, 숫자에 대해 크게 걱정하지 않을 것이다. 숫자에 대한 무지함이 드러나기 전까지는!

언젠가 한 부동산 개발업자가 우리집까지 찾아와 재개발을 하겠다며 집을 팔라고 제안했다. 나는 우리 가족이 20년 동안이나 산 정든 집이어서 팔지 않겠다고 대답했다. 개발업자는 나에게 집값으로 얼마든지 주겠다며 원래 집값의 3배를 제안했다. 나는 깜짝 놀라 두 눈이 휘둥그레 커졌다. 그 짧은 순간에 온갖 생각이 머릿속을 스쳐 지나갔다. 그 돈으로 무엇을 할까? 더 좋은 지역에 더 멋진 집을 지을까? 아예 집 두 채를 살까?

"좋습니다." 나는 생각할 겨를도 없이 대답했고, 거래에 대해 합의를 보았다. 그러고는 부엌에 들어가 아내에게 말했다. "우리집을 팔았어요." 아내가 화를 내며 소리쳤다.

"뭘 했다고요? 당신에게는 그럴 권리가 없어요!" 나는 개발업자가 제시한 집값을 아내에게 알려주었다. 아내는 "우와!" 하고 놀라며 나처럼 그 숫자로 온갖 생각을 떠올리는 무아지경에 빠져들었다.

계약을 체결하기 전, 우리는 새롭게 주목받는 주택단지에 매력적으로 지어진 집들을 둘러보았다. 그러나 어느 집도 공간과 편의성에서 우리집에 미치지 못한다는 걸 새삼스레 확인하게 되었다. 이미 집을 팔기로 약속한 까닭에, 어수선하고 허름하더라도 안락한 우리집이 제공하는 많은 것을 포기해야 할 처지였다. 그래도 두둑한 돈을 어떻게 쓸까 고민하며 새 집을 구하고 있었는데, 당시 경제가 붕괴되는 바람에 거래는 실현되지 못했다.

그 후로 40년이 지난 지금까지도 나는 그 낡은 집에서 살고 있고, 그 집의 한 귀퉁이는 이제 우리 딸과 그 아이의 가족이 차지하고 있다. 경제가 붕괴되기 전에 우리가 계약서에 서명했더라면 어떤 사태가 벌어졌을지 등골이 오싹하다. 엄청나게 큰 숫자에 우리 부부가 잠시 눈이 멀었던 것이다. 숫자에는 그런 마력이 있다.

날씨가 허락되면 우리 부부는 매일 오후에 테니스를 쳤다. 나는 무조건 이기고 싶었고, 점수판에서 눈을 떼지 않았다. 한편 아내는 누가 이기고, 점수가 어떻게 되는지에 그다지 신경 쓰지 않았다. 그저 테니스를 치는 걸 좋아했다. 나는 점수가 없으면 게임이 무의미하다고 우겼지만, 아내는 내가 핵심을 놓치고 있다고 생각했다. 나에게 숫자는 재정적인 면뿐만이 아니라 경기에서의 내 위치를 알려주는 기준이었다. 따라서 돈에서는 액수, 테니스 경기에서는 점수가 필요했다. 하지만 아내 덕분에 나는 더 이상 그런 숫자를 삶의 중심에 두지 않는다.

삶은 골프와 비슷한 점이 있다. 재밌어서 골프를 치는 사람도 있을 것이고, 승리하려고 골프를 치는 사람도 있을 것이다. 물론 둘 모두를 추구하는 사람도 있을 것이다. 골프에 핸디캡 제도handicap system를 도입하면 어떨까. 기량이 더 나은 사람이 약한 사람에게 더 많은 스트로크를 양보하게 되면 더 공정한 게임이 될 수 있다. 물론 핸디캡이 적용되면 기량이 더 나은 사람이 경쟁에 불리할 수 있지만,

그가 자신의 핸디캡을 자랑스럽게 생각할 가능성도 없지는 않다. 따라서 핸디캡은 게임의 재미를 망치지 않으면서도 서로의 기량을 향상시키도록 자극하는 면이 있기 때문에, 나는 이 제도가 삶의 다른 면에도 반영되어야 한다고 생각한다.

요즘 나는 골퍼처럼 생각하려고 노력하지만, 여전히 삶의 여러 면에서 점수를 매기는 걸 좋아한다. 나는 금융 자산을 비롯해 여러 부분에서 기본적인 조건을 갖추고 있지만, 핸디캡처럼 그 조건의 턱을 낮추려고 애쓴다. 하지만 그 숫자들 때문에 게임 자체가 중요하다는 사실이 훼손되지는 않는다. 아내의 생각이 옳았다. 승리하든 패하든 간에 중요한 것은 운동을 한다는 것이다.

이제 나에게 성공은 물질과 아무런 관계가 없다. 그렇다. 나는 아늑한 집이 있고 건강하게 먹을 여유가 있어 즐겁다. 물론 그것만으로 삶을 정당화하기에는 충분하지 않지만 말이다. 그럼 내 삶에서 내가 자랑스러워하는 것으로는 무엇이 있을까? 언젠가 한 기자가 나에게 불쑥 던진 질문이기도 한데, 그때 나는 이렇게 대답했다.

"내가 지금까지 쓴 책들이 자랑스럽습니다. 그 책들을

읽고 도움이 되었다고 말하는 사람이 적지 않으니까요. 하지만 책은 결국 먼지를 뒤집어쓰고 쓰레기장에 버려질 겁니다. 그렇기에 내 생각에 가장 자랑스러운 것은 내 가족과 손주들입니다. 그들은 언제까지나 계속될 테니까요. 그들이 계속 이 땅에서 살아가며 위대한 일을 해내고 위대한 인물이 되기를 바랄 뿐입니다."

내가 내 삶에서 혹시나 이루어낸 성공이 있다면 다른 사람의 삶, 즉 가족이나 내가 개인적으로는 모르지만 내 책을 읽고 긍정적인 영향을 받은 사람들의 삶으로 평가될 것이다. 내가 지금까지 받은 가장 감동적인 편지 중 하나에는 발신인 주소도 없고 서명도 없었다. 휑한 편지지에 그저 '고맙습니다'라고만 쓰여 있었다. 하지만 그 기분은 어떤 말로 표현할 수 없이 좋았다.

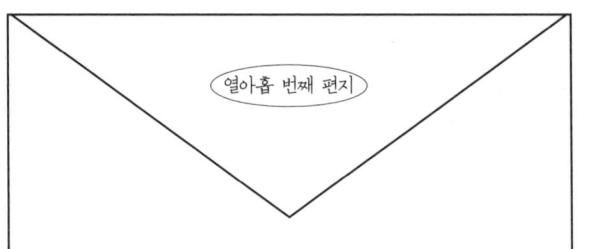

열아홉 번째 편지

이제 '은퇴'라는 단어를
은퇴시켜야 한다

마지막 쿼터를 품위 있게 뛰는 법

문제는 우리가 더 오래 살 수 있게 된 데에서 온다.

추가로 얻게 된 시간이 선물이 아닐 수 있다.

더 이상 노후는 휴식을 약속하는 상징이 아니다.

'무엇을 먹고살 것인가?' 이 질문에 답하기 위해 준비해야 한다.

지금의 너희에게는 놀랍게 들릴 수 있겠지만, 너희는 백 살까지 살 가능성이 무척 높다. 이 편지가 지금은 너희에게 큰 관심을 끌지 못하겠지만, 여기에서 제기되는 쟁점들을 수년 내에 고려하기 시작할 것이다. 그때 너희 삶에서 마지막 쿼터quarter는 75세부터 100세까지일 것이다.

지금은 75세도 아득히 멀리 느껴지겠지만 너희가 그 연령이 되면, 그즈음에는 75세가 정상적인 '은퇴' 연령일 것이다. 내가 작은따옴표로 '은퇴'라는 단어를 강조한 이유는, 너희가 마지막 쿼터에도 은퇴하려고 하지 않을 것이라 생각하기 때문이다. 오히려 그때쯤에는 '은퇴'라는 단어 자체가 은퇴하지 않을까 싶다. 따라서 이 편지는 너희가 마지막 쿼터를 맞이할 때 삶이 어떤 모습일지에 대한 내

생각을 쓴 것이다.

"그들이 나를 은퇴시켰어! 못된 것들."

66세의 노인이 마음의 준비가 되기도 전에 좋아하던 직장을 떠날 수밖에 없었던 이유를 설명하며 내뱉은 불평이었다. 이상하게도 그녀에게는 '은퇴'라는 단어가 타인에 의해 강요되었다. 너희의 의사와는 상관없이 다른 사람이 너희에게 가한 행위가 되었다. 어떤 행위가 빈번하게 행해지더라도 그 행위가 상대의 의사에 반하여 강요되면 불법이다. 하지만 연금 수령 연령을 상향하려는 계획안을 읽은 사람들은 그녀가 조금이나마 일찍 은퇴하게 된 것을 행운이라 생각할지도 모른다.

그들은 억지로 일하지 않아도 되는 삶의 시간을 진정한 기쁨의 시간이라 생각하며, 하루라도 빨리 일을 그만두고 싶어 하는 사람들일 수 있다. 하지만 현실적으로 이런저런 연금을 받으며 여유를 즐기는 노년은 기업체 간부를 지낸 소수의 특권층이나 공공 분야에서 일하는 특권을 누린 이들만이 즐길 수 있는 꿈이지 않냐고 지적하는 사람도 적지 않다.

흔히 말하듯이, 문제는 우리가 더 오래 살 수 있게 된

데에서 온다. 추가로 얻은 10년 남짓한 선물이 문제로 여겨지는 것도 이상하지만, 예측하지 못하거나 대비하지 못한 기회는 문제로 변하기 쉽다. 이상하게도 이 문제는 우리가 전혀 눈치채지 못하는 사이에 슬금슬금 다가온 듯하다. 아마도 현재의 권력층에게는 개인적으로 어떤 영향도 미치지 않기 때문일 것이다. 기후 변화와 연금, 은퇴라는 쟁점들이 '내 생애에는 해당 없음'이라는 증후군에 빠져 후세에게 처리하도록 떠넘긴 문젯거리로 전락한 것이다. 은퇴와 관련된 문제가 진지하게 다루어진 적이 거의 없었다. 하지만 기후 변화와 연금 정책에서 보았듯이, 어떤 결정이든 효과를 나타내려면 40~50년이란 시간이 필요하다.

현재로서는 연금 위기나 은퇴 문제는 심각하지 않다는 게 정설이다. 50세부터 64세까지, 그 연령대의 70퍼센트가 여전히 어떤 형태로든 일하고 있기 때문이다. 많은 사람이 일자리를 잃은 것처럼 보이지만, 공식적인 자료에 따르면 가장 활동적인 시기에 있는 사람들, 즉 35세부터 49세에서도 82퍼센트만이 일하고 있을 뿐이다. 나머지는 주로 집에서만 일하기 때문에 계산되지 않는다.

지금도 일하고 있는, 50세부터 64세까지의 70퍼센트는 곧 또 다른 연금을 갖게 될 것이고, 자기 집을 대거 소유한 첫 세대이던 그들의 부모로부터 집을 이미 물려받았거나 앞으로 물려받음으로써 자기 집을 소유하게 될 것이다.

어느 시대에나 그렇듯이 힘들게 사는 사람들도 있겠지만, 향후 10년 내에 은퇴하는 사람들 대다수는 그다지 가난하지 않을 것이다. 처음 두 시대를 학습과 일로 보낸 그들은 건강한 상태로 세 번째 시대의 삶에 들어갈 수 있기를 기대한다. 그들에게 향후 10년에서 20년은 진정으로 기회의 시간일 것이다. 하지만 안타깝게도 너희 세대는 오래전부터 노후를 대비하지 않으면 그런 기회의 시간을 갖지 못할 것이다.

✺

향후 10년 내의 은퇴자들에게는 '어떻게 시간을 보낼 것인가?'라는 문제가 남는다. 궁극적으로는 너희 세대도 마찬가지다. 하지만 너희는 처음으로 '어떻게 먹고살 것인가?'라는 문제에 직면할 것이다.

말년에 받는, 약간 큰 몫을 차지하는 국민연금이 있더라
도 퇴직 후에는 소득 대부분을 스스로 책임져야 할 것이
다. 고용주는 법적인 강요를 받지 않는다면 피고용인의 퇴
직 후 소득을 책임지지 않을 것이고, 국가가 국민에게 저
축을 강요할 수도 없기 때문이다. 일부 국가는 그럴지 모
르겠지만, 대다수 국가는 그런 선택을 내리지 않을 것이
다. 오늘의 비용을 충당하라는 압력에 내일의 문제가 못
본 체되거나 뒤로 미루어질 것이다. 따라서 너희는 70대,
아니 80대에도 일해야 할지 모른다.

이런 현상이 반드시 나쁜 것만은 아니다. 일과 삶의 균
형을 뜻하는 '워라밸work-life balance'이란 단어가 남용되고 있
지만, 일은 결코 삶의 반대가 아니다. 너희가 좋아하는 일
이고 너희에게 적합한 속도로 진행되면, 일은 삶을 지탱해
주는 핵이다. 오히려 많은 사람이 원하는 것은 더 많은 삶
과 더 적은 일이 아니라, 다양한 형태의 일들을 더 적절하
게 조합하는 것이라고 말하는 편이 정확하다.

우리가 돈을 벌려고 하는 일은 집 혹은 공동체에서 사
랑이나 의무로 하는 일, 재미로 하는 일, 그리고 개인적인
기량이나 지식을 향상시키려고 하는 일로 보완될 필요가

있다. 연령대의 차이가 있다면, 그런 일들의 조합이 달라진다는 것뿐이다. 구체적으로 말하면, 선택에 의한 일이 많아지고 돈을 위한 일은 줄어들 것이다.

대부분의 경우 삶을 살아가는 과정에서 일들이 조합되는 비율이 달라진다. 나이가 들어감에 따라 임금을 받는 일은 줄어들겠지만 완전히 사라지지는 않을 것이다. 예컨대 70대 농부에게 요즘 삶이 어떠하느냐는 질문을 건네면 "똑같지만 더 느려졌을 뿐"이라고 대답할 것이다. 많은 사람이 이와 같이 말할 수 있기를 바라며, 이제껏 해온 일을 일주일에 닷새가 아니라 이틀만 일하길 꿈꿀 것이다. 그 정도면 소득을 높이는 데 적잖은 도움이 되고, 다른 관심사를 개발할 시간도 남는다. 이런 변화가 사람들의 바람이면 일의 세계도 그에 따라 움직일 것이다.

조직은 끊임없이 개편되며 더 많은 일을 만들어낸다. 그 과정에서 많은 사람을 해고하고, 시간제나 프리랜서로 다시 고용한다. 따라서 조직은 고용인을 관리하기가 더 어려워지더라도, 노동의 유연성을 높이기 위해서, 더 정확히 말하면 법이 지우는 의무를 조금이라도 벗어나기 위해서, 정규직을 고용하지 않을 것이다. 게다가 노동자의 이익을 보

열아홉 번째 편지

돈을 벌려고 하는 일, 의무로 하는 일,

재미로 하는 일, 기량을 향상시키려고 하는 일.

나이듦에 따라 여러 일들을 적절히 조합해야 한다.

호할 목적에서 설계된 조치들, 가령 직원의 해고를 더 어렵게 하는 조치들은 얄궂게도 고용주가 애초부터 노동자의 고용을 단념하게 만들 것이다. 이미 노동 인구의 4분의 1이 시간제이고, 또 다른 4분의 1은 자영업자이거나 4명이하의 직원을 둔 소기업에 속해 있다. 그들 대부분이 자신이 원해서 그 일을 선택한 것이고, 특히 노령층에서는 더더욱 그렇게 변해갈 것이다.

우리가 조직의 도움을 받지 않고 자체적으로 자신의 삶을 책임진다면, 현재의 흐름은 삶의 마지막 쿼터를 위한 훌륭한 연습 과정이 될 것이다. 그때쯤이면 조직 안에서 얻던 안정성 대신 조직 밖에서의 자유를 선택할 것이다. 많은 사람이 생각하듯이, 우리에게는 어떤 능력이 있고 그 능력을 유지하며 적정한 값에 자신을 팔 수 있다면 그런 변화는 나쁜 교환이 아니다. 그러나 문제가 있기는 하다. 조직 대부분이 자주성을 억누르기 때문에 많은 이가 조직을 떠날 때 상실감에 빠진다는 것이다.

따라서 독자적으로 활동하는 전문가들에게만이 아니라 우리에게도 대리인이 필요하다. 우리를 대신해 고객을 찾아주고 그 대가를 받는 사람이 필요하다. 노동조합이 그

역할을 할 수 있겠지만 반드시 그런 것은 아니다. 직업소개소가 그 일을 해낼 수 있다고 주장하지만 더 잘할 수 있어야 한다. 자선 단체가 그 역할을 떠맡으면 훌륭하게 해낼 수 있을 것이다. 너무도 많은 재능과 능력이 간과된 채 사그라들고 있으니 말이다.

자신의 능력을 스스로 간과하는 경우도 적지 않다. 실례를 들어보자. 광고회사 중역이 40대 말에 해고된 후에 재취업 상담사를 찾아갔다.

"무엇을 하실 수 있습니까?" 상담사가 물었다.

"광고일을 했습니다."

"그렇군요. 하지만 광고업은 할 만큼 하셨으니까 다른 일을 하신다면?"

"글쎄요, 내가 달리 무엇을 할 수 있을지 모르겠습니다."

상담사가 말했다. "당신을 잘 아는 사람들에게 당신이 잘하는 게 무엇인지 하나씩만 알려달라고 물어보십시오. 그걸 정리해서 다음에 오실 때 가져오시겠습니까?"

다시 상담사를 찾아온 그는 주변 사람들이 알려준 그의 많은 능력에 놀랐다며 이렇게 덧붙였다.

"하지만 이상하게도 누구도 광고를 언급하지는 않더군요."

이렇게 우리는 과거에 얽매여 미래를 제대로 보지 못할 수 있다.

　급속히 변하는 세계에서는 잠재력이 과거의 경험보다 더 중요하고, 무엇인가를 습득하는 능력이 자격증보다 더 중요하다. 앞의 세 쿼터에서도 그렇지만, 삶의 마지막 쿼터에서는 더더욱 그렇다. 월계관은 더 이상 휴식을 약속하는 상징이 아니다. 정부의 가장 큰 의무는 우리 앞에 무엇이 있는지 거짓없이 조언하는 것이지, 위험이 없는 미래를 거짓으로 약속하는 게 아니다.

✿

　너희 삶에서 그 네 번째 쿼터를 준비하는 것은 너희 의무이지만, 우리 모두의 책무이기도 하다. 돈과 건강에 대한 적정한 준비가 있을 때 삶의 마지막 쿼터에서 너희는 자유롭게 완전한 너희 자신이 되고, 한때 꿈꾸었던 종류의 삶을 누리게 될 것이다. 세 번째 편지에서 말했던 성공과 올바른 삶을 위한 랠프 월도 에머슨의 비결로 가득한 여생을 보내게 될 것이다. 삶의 끝자락에서, 환경이 허락되

는 경우에만 가능했던 사람이 될 수 있다는 얘기다. 그렇다, 이제는 그런 환경이 허락된다. 우리가 더 오래 살게 된 덕분이다.

내 말년이 삶에서 가장 즐거운 시간이 될 거라고는 전혀 예상하지 못했지만, 정말 그렇다는 게 입증되었다. 하지만 마지막 쿼터를 멋지게 맞이하려면 필수적인 전제 조건 하나를 충족해야 한다. '건강'이다. 건강하게 움직이며 사회적으로 활동하지 않으면 말년을 즐겁게 보낼 수 없다. 물론 우리 삶에서는 언제나 전혀 예측하지 못한 사태가 닥칠 수 있다. 질병과 사고, 유전적 문제, 시력 감퇴, 치매 등이 대표적인 예다. 그래서 노년이 항상 좋은 것은 아니다. 노년에도 건강을 유지하려면 일찍부터 건강 관리를 시작해야 한다. 건강한 중년이 노년에도 건강할 가능성이 높다. 당연한 말이지만, 분주한 삶을 살다 보면 이 말을 잊고 지낸다.

안타깝게도 많은 사람이 병들거나 돈이 없어서, 또는 특별한 기술이 없거나 의기소침에 빠져, 덤으로 주어진 마지막 쿼터를 유익하게 활용하지 못하고 있다. 국민의 복지와 건강을 담당하는 정부 기관에게는 앞으로 이 문제가 점차

큰 부담이 될 것이다. 그렇기에 너희가 국가에 할 수 있는 최고의 기여는, 국가의 그런 도움이 필요하지 않은 사람이 되기 위해 최선을 다하는 것이다.

다른 누군가와
똑같은 사람은 없다

세 개의 자아를 찾는 순간

일과 열정 그리고 가족.

우리에게는 적어도 이 세 가지와 관련된 각기 다른 자아가 있다.

그렇다면 진정한 자신이자 이 세 가지 자아에 공통되는 것은 무엇일까?

신경학자 올리버 색스[Oliver Sacks]는 언젠가 "누군가와 똑같은 사람은 없다. 결코!"라고 말했다. 그래서 너희는 특별하다. 정말이다. 그러나 너희는 누구인가? 너희가 누구인지 알고 있는가? 모른다면 어떻게 해야 알 수 있을까?

나는 이 질문들을 질문 목록의 뒤쪽으로 미루어두었다. 어떤 점에서 이 질문들은 답하려면 많은 연구가 필요할 만큼 까다롭다. 그럼에도 굳이 말하자면 '하얀 돌[white stone]'이 내 대답이다. 그러나 이 편지의 끝에서 이 대답도 무수히 많은 대답의 하나에 불과하다는 걸 알게 될 것이다.

수년 전 어느 날, 나는 아내가 시골의 작은 전시장에서 개최한 사진전을 돕고 있었다. 모든 것이 순조롭게 진행되어 내 도움이 딱히 필요한 것 같지 않았다. 아내가 손님들

을 안내하는 동안 나는 뒤쪽에서 빈둥대고 있었다. 한 남자가 다가왔다. "정말 사진들이 아름답지 않습니까?"

나는 주저 없이 맞장구쳤다. "내 생각도 그렇습니다."

그가 다시 말했다. "그런데 작가님의 남편이신 찰스 핸디도 여기에 오셨습니까?"

"예, 왔습니다." 나는 이렇게 대답하고, 최대한 겸손하고 공손하게 보이려고 애쓰며 덧붙였다. "내가 찰스 핸디입니다."

그러자 그가 한참 동안 나를 위아래로 쏘아보더니 얼굴을 찌푸리며 정말 이해가 안 된다는 표정으로 다시 물었다. "정말입니까?"

나는 그에게 좋은 질문이라며, 나도 근래 들어 나 자신에게 자주 던지는 질문이라고 대답했다. 그렇다. 내가 살아온 과정을 돌이켜보면, 여러 모습의 찰스 핸디가 있었다.

나는 동남아시아에서 석유회사 직원으로 사회생활을 시작했다. 그가 그 시대의 나를 알았을까? 그랬다면 내가 훨씬 더 재밌어졌다고 생각했기를 바라지만, 여하튼 내가 무척 많이 변했다고 생각했을 것이다. 혹시 BBC 라디오에서 내가 방송하던 '오늘의 생각'의 애청자였을까? 나는 20년

스무 번째 편지

동안 일정한 간격을 두고 이 라디오 프로그램에 출연했다. 그는 나를 실제로 본 적이 없었지만, 내 목소리나 그 프로그램의 종교적인 성격을 근거로 내 모습을 머릿속에 상상해보았을 것이다. 어쩌면 그때 내가 세속적으로 맵시 있게 차려입어, 그가 상상하던 모습으로 보이지 않았을 수 있다. 혹시 그가 40년 전에 내 제자였지만, 그가 기억하던 특징들이 세월의 풍상에 지워진 것은 아니었을까?

그가 나를 어디에서 어떻게 기억했는지는 중요하지 않다. 시간이 흐름에 따라서 내가 변했다는 게 그에게는 문제였다. 물론 나에게도 문제였다. 하지만 시간이 흐르면 우리 모두가 변한다. 삶이 우리를 바꿔놓는다. 그 후에는 우리가 우리에게 적합한 방향으로 삶을 바꿀 수 있기를 바랄 뿐이다. 하지만 우리가 다른 역할을 맡으면 다른 사람이 되듯이 문제가 복잡해진다. 너희는 집에서 그리고 직장에서 똑같은 사람인가? 어느 쪽이 진짜 너희라는 걸 어떻게 확신하는가?

인물 사진작가였던 내 아내는 대상이 삶의 과정에서 행하는 세 가지 중요한 역할 속에서 그의 결정적인 이미지를 포착하는 걸 좋아했다. 아내는 우리에게 적어도 세 가지

의 다른 자아가 있다고 믿었다. 따라서 모델에게 각 자아에 어울리는 옷을 입고, 그 자아를 행동으로 표현해보라고 부탁했다. 그렇게 한 공간에서 세 자아를 차례로 촬영한 후에 세 자아가 서로 대화하는 것처럼 조합해냈다.

아내의 세 자아는 사진작가, 가정주부, 내 대리인이었다. 각 자아에서 아내는 조금씩 달랐다. 사진작가로서의 아내는 열정적이고 몰입력이 뛰어나 어떤 간섭도 용납하지 않았다. 가정주부로서는 따뜻하고 재치가 넘쳤다. 또 사랑받는 할머니였고 최고의 요리사에, 우리 가족을 이끌어나가는 주인이기도 했다. 내 대리인으로서는 격정적이고 요구가 많았지만, 내가 최고 대우를 받기를 원했을 따름이었다. 그 때문에 아내는 성질이 괄괄한 여자로 알려졌다. 그럼 누가 진짜 그녀였을까? 물론 세 자아의 결합체가 정답이겠지만, 상승세에 있는 자아는 아내가 어느 단계에 있느냐에 따라 달라졌다. 아내는 사진작가라는 자아에 평생을 집중하고 싶었을 것이다. 그러나 가족이 생기고, 개인 사업을 시작한 후로는 다른 자아들에게 시간을 할애할 수밖에 없었다.

너희도 궁극적으로는 일과 열정, 가족과 관련된 세 자아, 즉 세 가지 다른 모습을 갖게 될 것이다. 세 자아가 모

두 너희다. 중요한 것은 삶의 각 단계에서 중요한 것이 달라진다는 걸 인정하는 것이다. 젊은 시절에는 실험할 수 있고, 실험해야만 한다. 그러나 책임이 커져가면 직장과 일에 더 많은 관심을 기울여야 할 필요가 있다.

너희가 열정을 쏟는 것을 중심으로 삶이 돌아가고, 너희가 좋아하는 일을 하며 돈을 버는 것보다 좋은 것이 없다는 생각은 굉장히 유혹적이다. 그러나 경고하지만, 너희가 사업에 열정을 쏟기 시작하는 순간부터 그 사업은 즐거움이 아니라 일이 될 수 있다. 내 아내가 사진으로 돈을 벌려고 했다면, 결국에는 결혼식 사진을 찍거나 아기들을 끝없이 연구해야 했을 것이다. 하지만 그런 일은 결코 아내가 원했던 것이 아니었다.

언젠가 한 파티장에서 만난 젊은 여성이 아직도 내 기억에 뚜렷하다. 그녀는 텔레비전 각본을 쓰는 작가라고 자신을 소개했다.

"대단하십니다!"

"그렇지도 않아요. 한 편도 제작된 적이 없으니까요."

"그럼 생계는 어떻게 꾸리시나요?" 나는 주제넘게 물었다.

"일요일마다 달걀을 포장해요. 제정신인 사람은 아무도

하지 않을 일이지만 임금이 괜찮아요. 그래서 주중에는 내 일을 자유롭게 할 수 있어요."

그 후로 '일요일의 달걀 포장'은 우리 가족의 상투어가 되었다. 누구든 순전히 돈을 벌려고 일을 할 때 우리는 그 일을 '일요일의 달걀 포장'이라 불렀다. 어떻게든 돈을 벌어, 그 돈으로 정말 하고 싶은 일을 하려고 하는 일이란 뜻이었다. 가족을 위한 시간과 열정 그리고 돈을 하나의 용기에 담기는 무척 어렵다. 설령 그렇게 하더라도 돈이 다른 둘을 밀어내는 경향을 띤다. 그래도 너희는 세 가지 자아를 한 몸에 지닐 수 있다. 그야말로 인간의 삼위일체인 셈이다.

하지만 세 자아에 상존하는 핵, 즉 진정한 너희이자 세 자아에 공통되는 것이 있을까? 모두의 생각과 바람에 따르면, 그런 것이 존재하기 때문에 우리가 역할을 바꾸거나 자아를 전환할 때 우선순위를 바꾸지 않는다고 한다. 하지만 그 핵심적 자아를 정확히 짚어내기는 어려울 수 있다.

※

내 아내는 창의력과 사진술을 활용해, 사람들이 각자의

삶에서 핵심적인 것과 부수적인 것을 찾아낼 수 있도록 도움을 주었다. 내가 다른 편지에서 언급했듯이, 아내는 사람들에게 자신의 삶을 상징할 만한 다섯 가지의 물건과 한 송이의 꽃을 선택한 후에 탁자 위에 배치해달라고 요청했다. 그녀는 그 결과를 사진에 담았다.

또 아내는 그렇게 찍은 사진을 '현대 정물화'라 칭하며 네덜란드의 옛 바니타스('허영'이란 뜻으로, 바니타스화는 삶의 덧없음을 상징적으로 표현한 작품을 가리킴-옮긴이) 초상화에 비교했다. 바니타스화는 시각적 설교다. 겉으로는 재물을 찬양하는 것처럼 보이지만 재물과 오만은 헛된 것이고 결국에는 우리 모두가 죽는다는 걸 떠올려주는 두개골이나 낙엽 등이 빠지지 않고 있지 않던가.

아내의 초상 사진은 의도적으로 그렇게 섬뜩하게 연출되지 않았지만, 사람들이 자신의 삶에서 중대한 것이 무엇인지 알아내는 기회를 주었다. 대부분이 깊이 생각한 후에 무엇인가를 사진의 중앙에 놓았기 때문이다. 너희도 시도해보면 재밌을 것이다.

나의 정물화에는 내가 쓴 책들, 음식과 포도주, (잠시 살았던) 이탈리아를 연상하는 것, 즉 내가 좋아하는 것들이

담겨 있었다. 또 아내 자신과 아내가 내 삶에서 행한 주된 역할을 상징하는 카메라 렌즈도 있었다. 그러나 중앙을 차지한 것은 두 개의 작은 눈물방울처럼 보이는 노란 유칼립투스 조각이었다. 내가 일흔 번째 생일을 맞이했을 때 아이들이 특별히 의뢰해 생일 선물로 주었던 조각이다.

아이들의 설명에 따르면, 그 눈물방울은 눈물이 아니라 '황금 씨앗'이었고, 내가 그들이 각자의 황금 씨앗을 찾을 수 있도록 도왔다는 것이다. 따라서 그 조각은 내 아이들과 가족만이 아니라, 황금 씨앗 원리에 대한 내 깊은 믿음을 상징하는 것이었다. 그렇다. 모두가 어떤 면에서든 특별하고, 우리 모두에게는 어떤 분야에 대한 잠재력이 있다는 황금 씨앗 원리 말이다. 결국 황금 씨앗은 인간에 대한 내 바람이고, 내 인생 철학의 근원이다. 이 상징적인 것들을 결합하면, 내 삶이 어떤 것이었던지 명확히 정의될 수 있다.

하지만 위의 모습은 내가 삶의 후반기에야 맞이한 행운이었다. 내가 진정으로 누구인지를 깨닫는 데는 오랜 시간이 걸렸다. 나는 반대편에서 시작하며, 내가 아니었던 것들을 지워갔다. 말하기 부끄럽지만 사회생활을 시작하고 처음 10년을, 나는 내가 아닌 사람, 예컨대 기업 관리자로

보냈다. 그렇다고 내가 그 일을 싫어한 것은 아니었다. 하지만 내가 그런 일에 능숙해질 수 없고, 특별한 관심도 없다는 걸 알게 되는 데는 오랜 시간이 걸리지 않았다. 물론 우리 삶에서는 어떤 경험도 무의미하게 낭비되지는 않는다. 나중에 내가 장래의 기업 경영자들을 가르치기 시작했을 때 그때의 경험이 상당한 도움이 되었다.

삶의 여정을 시작하는 너희에게 조언한다면, 흥미롭게 보이는 일을 시도해보라는 것이다. 그럼 그 일이 너희에게 적합한지, 그렇지 않은지를 금방 파악할 수 있을 것이다. 궁지에 몰려 실패하더라도 걱정할 것은 없다. 내가 사회생활을 시작하고 초창기에 그랬듯이 너희도 성공보다 실패에서 더 많은 것을 배울 것이다.

나는 이런 시행착오를 통해 내 삶에서 중요한 것을 알아냈고, 그것을 필요한 것과 구분하게 되었다. 중요한 것과 필요한 것은 다른 것이다. 우리가 반드시 해야 하는 것에 집중하면, 필요한 것을 놓치는 경우가 많다.

지금도 생생히 기억하지만, 20년 전에 한 이탈리아 기자가 BBC 라디오에서 인터뷰하는 방송을 들었다. 이탈리아 의회가 다시 해산되었다는 말에 라디오의 진행자가 "그

럼 이탈리아 상황이 지금 상당히 심각하겠군요?"라고 물었다. 그러자 이탈리아 기자가 "그렇습니다. 무척 심각합니다. 하지만 그게 중요한 것은 아닙니다"라고 대답했다. 내가 이탈리아를 좋아하는 이유 중 하나는, 이탈리아 사람들이 심각한 것과 중요한 것을 본능적으로 구분한다는 것이다. 이탈리아를 통치하기가 까다롭지만 이탈리아 사람들이 즐겁게 살아가는 이유가 거기에 있다.

내가 깨달은 바에 따르면 삶은 발견의 여정, 즉 자아를 발견해가는 여정이다. 하지만 너희가 안전하고 익숙한 길을 고수한다면 어떤 것도 발견할 수 없을 것이다. 일반적으로 여정에는 목적지가 있지만, 탐험가들은 무엇을 발견하고, 어디에서 끝날 것인지를 명확히 정하지 않는다. 삶도 이런 탐험과 유사하다.

언젠가 나는 교통 소음을 차단하려고 채마밭 끝자락에 밤나무를 두 열로 심었다. 우리집을 방문한 한 친구가 두 열로 늘어선 밤나무를 보고는 꼭 길처럼 보인다며, "끝이 없는 길, 우리 인생처럼 말이야"라고 덧붙였다. 내 생각에 그는 반 농담조로 자신의 삶을 머릿속에 그렸겠지만, 대다수의 삶이 그렇다. 우리 중에서 자신이 어디를 목적지로

정하고 삶을 살아가고 있는지 아는 사람이 있을까? 혹시 그곳에 도착한 후에야 알게 되는 것은 아닐까? 이런 의문은 '죽음이 삶에 의미를 부여한다'라는 말을 바꿔 말하는 것과 같은 듯하다.

ꍼ

목적지에 대해 생각하는 한 가지 방법이 있기는 하다. 너희가 지긋한 나이까지 살았다고 가정하고 가장 친한 친구가 너희 장례식에 참석해 짤막한 추도 연설을 한다고 상상해보는 것이다. 누구도 망자를 험담하지는 않을 것이다. 추도 연설은 친한 친구가 맡기 때문에 긍정적이고 애정어린 농담도 덤으로 더해질 것이다. 나는 지금까지 많은 추도 연설을 들었다. 추도 연설에서는 망자가 가장 빛나던 순간, 오래되어 거의 잊혀진 것들이 언급된다. 그가 과거에 어떤 사람이었고, 앞으로 어떻게 기억될 것이며, 무엇을 남겼는지가 나열된다. 삶을 이제 막 시작한 너희에게 이런 상상을 해보라는 충고가 약간 이상하게 들리겠지만, 삶을 긴 여정의 마지막 종착역에 대해 생각하는 또 다른 방법

으로 받아들이기 바란다.

나는 책상 위에 '하얀 돌'을 놓아두고, "천사가 말했다. 승리하는 사람에게는 내가 흰 돌을 주겠다. 그 돌에는 하나의 이름, 그 돌을 받는 사람만이 아는 이름이 쓰일 것이다"라는 요한계시록의 이상한 구절을 떠올렸다.

나는 이 구절의 정확한 의미를 모르지만, 내가 성공한 삶을 살면 나를 위해 특별히 지어진 새로운 이름을 얻게 될 것이란 뜻으로 해석한다. 달리 말하면, 나는 다른 존재의 이름, 즉 다른 누군가의 유전자를 물려받은 사람일 뿐만 아니라 궁극적으로 나만의 고유한 존재가 될 것이란 뜻이 아닐까. 또한 내가 어떤 식으로든 세상에 흔적을 남기는 데 성공하고, 숨겨져 있던 잠재력을 완전히 펼치며 보람 있는 삶을 살아야 비로소 하얀 돌을 받을 만하다는 뜻이 아닐까.

물론 너희가 하얀 돌을 받았는지는 너희만이 알 것이다. 하얀 돌은 순전히 개인적이고 사적인 것이니까. 하얀 돌은 명예나 대중의 갈채로 결정되거나 표시되지 않는다. 그 돌을 받을 때는 너희만이 알 것이다. 부디 너희 모두가 하얀 돌을 받기를 바란다.

스물한 번째 편지

자유의 이면은 불안정하고, 자유의 대가는 냉혹하다

인생을 낭비하지 않는 법

자유의 이면은 늘 불안정하다.

자유에 대한 대가로

너희는 모든 것을 스스로 결정해야 한다.

시인 존 키츠John Keats처럼 나도 오래전에 "한밤중에 고통 없이 끝나는 …… 편안한 죽음과 반쯤은 사랑에 빠졌다." 그러나 허약하지만 또렷한 정신으로 절친한 친구들과 몇 시간을 함께하고, 끝으로는 내가 지극히 사랑한 손주들과 한 번에 한 명씩 함께하는 며칠이 허락되면 좋겠다. 그 기회를 소중히 생각하며 너희에게 작별 인사를 하고 싶다.

너희를 알았다는 것만으로도 나는 복받은 사람인 것 같다. 나는 조부모 네 분 중 한 분만을 뵈었고, 그분 역시 내가 대화를 나눌 수 있을 만큼 나이를 먹기도 전에 세상을 떠나셨다. 나는 너희가 무럭무럭 자라는 걸 지켜보면서, 또 어느덧 세상에 나가 새로운 도전을 시도하는 걸 보고는 한없이 기뻤다. 너희는 내가 남긴 유산, 즉 내가 세상

에 남겨놓은 마지막 선물이다. 나는 그런 너희가 너무도 자랑스럽다. 너희가 지금까지 그 짧은 시간 동안 성취한 것은 물론, 앞으로 이루어낼 것도 자랑스럽다.

너희가 할머니의 장례식에서 보여주었던 당찬 모습에 나의 마음이 뿌듯했다. 우리 가족의 남다른 실행력이 피를 타고 전해졌다는 걸 새삼 확인할 수 있었다. 그러나 더 중요한 것은, 너희가 친절하고 사려 깊은 행동이 친구를 얻고 존경을 받는다는 진리를 이미 깨달은 듯하다는 것이다. 앞으로도 너희는 나를 자랑스럽게 만들어줄 것이라 확신하지만, 너희가 능력을 만개하는 걸 보지 못할 것 같아 아쉬울 뿐이다.

조만간 우리가 만날 때 눈물을 흘리지는 말자. 나는 멋진 삶을 오랫동안 누려왔다. 그러나 모든 것, 심지어 좋은 것에도 끝이 있기 마련이다. 이제 나는 피곤하다. 너희 할머니가 죽은 뒤 혼자 지내는 내 삶은 외발로 걷는 것처럼 힘들었다. 내 생각에 죽음은 너희가 결코 깨울 수 없는 긴 잠이다. 그렇게 잠자는 동안에 어떻게든 너희 할머니를 다시 만나고 싶지만, 그 바람이 이루어질 수 없는 꿈에 불과하다는 걸 모르지 않는다. 요즘도 내 머릿속에서 할머니와

나는 매일 이런저런 이야기를 주고받는다. 죽음은 한 이야기가 끝나는 것에 불과하다. 너희도 잘 알 듯이 어떤 이야기든 끝이 있어야 하지 않을까.

조만간 너희를 만나면 나는 너희에게 너희만의 이야기가 어떻게 전개되기를 바라는지, 예컨대 10년 후에는 너희가 어떤 모습으로 변해 있고, 어디에서 무엇을 하며 살고, 내친김에 어떤 사람을 배우자로 두고 싶은지를 묻고 싶다. 나는 내 세대와 그 이후 세대가 남겨놓은 문젯거리를 너희와 너희 세대가 해결해낼 것이라 믿는다. 너희 가치관이 우리보다 더 낫고, 너희는 우리보다 덜 이기적이며 자신보다 불운한 사람에게 더 관심을 쏟을 것이라 믿는다. 또한 환경의 소중함을 인식하고 환경을 보호하려 애쓰며, 우리보다 친절하고, 다른 식으로 사는 사람들에게도 관대할 것이라 감히 믿는다.

굳이 변명하자면 우리 세대는 다른 시대에 살았다. 마지막 전쟁이 끝난 직후, 우리는 성년이 되었다. 전 세대들이 그랬듯이 우리도 자칫하면 20년 내에 다시 전쟁의 수렁에 빠져들 거라고 확신했다. 다만 적이 달라지고, 무기는 더욱 강력해지고 악랄해질 것을 걱정했다. 내 동급생 중 두 명

은 1950년대의 한국 전쟁에서 사망했고, 모두가 2년 동안 병역 의무를 치렀다. 전쟁의 기운이 우리 주변을 떠나지 않았다.

나는 서른이 되기 전에 죽을 수밖에 없을 것만 같았다. 돌이켜보면, 우리가 이기적이고 근시안적이 되어 죽음을 맞기 전에 최대한 많은 것을 얻어내려 했던 행동들이 조금도 놀랍지 않다. 20년이 지난 1960년대 말, 새로운 삶이 시작되었고 희망이 부풀었다. 여러 국가가 전쟁이 아니라 달에 가려고 경쟁을 벌였다. 그러나 그때 나에게는 부양해야 할 두 아이와 아내가 있었다.

우리 세대에 비하면 너희는 운이 좋은 편이다. 너희는 90대 후반까지 장수할 수 있을 것이라 합리적으로 기대할 수 있고, 스스로 선택하지 않는 한 어떤 전쟁에도 참전할 가능성이 지극히 낮다. 또 조심하면 건강하게 지낼 수 있다. 물론 나보다 더 폭넓게 교육을 받을 것이고 더 풍요로운 가정생활을 누릴 것이다. 그렇다고 내 부모가 전시 상황에서 편의 시설이라고는 거의 찾아볼 수 없는 시골에서 나를 키웠다고 원망하는 것은 아니다. 그때 나는 인터넷과 텔레비전 같은 현대의 경이로운 발명품에 접근조차 할 수

없었다. 하지만 너희는 다르다. 너희는 원하면 어디든 가고, 하고 싶은 일을 하며 좋아하는 사람과 함께 살 수 있다. 심지어 성별까지 원하면 바꿀 수 있다. 여전히 편견의 흔적이 보이지만, 우리 세대보다 훨씬 더 많은 자유가 보장된 세계에서 살고 있다.

물론 자유의 이면裏面은 불안정하다. 나는 1961년 모스크바를 처음 방문했던 때를 죽는 날까지 잊지 못할 것이다. 당시 그곳에 가던 사람은 손가락으로 꼽을 정도였다. 유일한 항공편이 코펜하겐에서 출발하는 러시아의 아에로플로트 항공기였다. 나는 개인 관광객이었던 까닭에, 외국인 관광국에서 파견된 안내원이 어디든 나를 동행했다. 다행히 그녀는 내 또래의 매력적인 젊은 여성이었고, 우리는 원만하게 잘 지냈다. 한번은 그녀가 나에게 "영국에서는 직업과 사는 곳을 직접 선택할 수 있다고 하던데 사실인가요?"라고 물었다. "그렇습니다. 그런 걸 자유라고 하지요." 내 대답에 그녀가 다시 말을 이었다. "내 생각에는 무서울 것 같아요."

그녀의 말이 옳았다. 조직된 사회에서 개인의 자유가 보장된 사회로 옮겨가면 두렵기도 하다.

내 시대에 영국의 조직은 느슨한 편이었다. 전통적인 산업들과 대규모 조직들이 국민 대부분에게 일자리와 직업 훈련을 제공했다. 일자리에 지원해야 했지만 일자리가 부족하지는 않았다. 아들들은 아버지들을 따라 광산이나 철강 회사에서 일했다. 기업들은 평생 직장을 제공했다. 정부만큼이나 군대도 많은 사람을 고용했다. 교육 수준을 불문하고 내 또래에게는 선택지가 많았다. 당시에는 안전성이 약속된 자유가 있었다.

그러나 그런 약속은 이제 존재하지 않는다. 지금도 일자리는 존재하고 찾을 수 있지만, 많은 경우에 너희가 직접 일자리를 조직해야 한다. 자유에 대한 새로운 대가인 셈이다. 내가 이 편지들에서 제시한 의견들이 너희에게 도움을 되기를 바란다. 너희 자신을 믿어라. 실수하는 걸 두려워하지 마라. 너희에게 희생을 요구하더라도 정직해라. 또 할 일이 있고, 사랑할 사람이 있고, 기대할 것이 있을 때 행복(아리스토텔레스가 말한 행복)하다는 걸 명심하라.

이제 실질적인 조언을 해보자. 더 정확히 말하면, 내가 과거에 했더라면 좋았을 것들을 조언의 형식으로 하나씩 제시해보려 한다.

외국어를 유창하게 구사할 수 있는 수준까지 배워라. 그 외국어를 사용하는 국가에 살며 일을 해야만 유창한 수준에 도달할 수 있다. 영어를 제외하면 중국어와 스페인어가 가장 유익하겠지만 어떤 외국어든 상관없다. 만일 너희가 외국인과 사랑에 빠진다면, 그가 사용하는 언어를 배워둬라. 도움이 된다. 물론 너희가 그에게 너희 모국어를 가르쳐줄 수도 있을 것이다. 안타깝게도 나는 어떤 외국어도 오랫동안 대화할 수 있을 만큼 배우지 못했다. 차일피일 미루었던 것이 지금도 후회된다. 모두가 영어를 말한다고 하지만, 세상 어딘가에는 그들의 모국어로 말을 건네지 않으면 대화할 수 없는 사람들이 많다.

젊었을 때 악기를 하나쯤은 배워두기 바란다. 음악과 수학은 세상에 둘밖에 없는 국제 언어다. 어디에서든 번역 없이 읽어낼 수 있고, 또 누구와도 연결된다. 아들이 여섯

살이었을 때 나에게 피아노 악보를 읽는 걸 도와달라고 한 적이 있다. 하지만 부끄럽게도 나는 악보를 읽지 못한다고 고백해야 했다. 아들은 놀란 표정으로 물었다. "뭐라고요? 악보를 읽지 못한다고요, 아빠?" 아들은 누구나 악보를 편지처럼 읽을 수 있는 것이라 생각했던 모양이다. 피아노 연주법을 배운 덕분에 아들은 다른 세계, 내가 부러워하기만 하고 이해하지 못했던 세계에 다가갈 수 있었다.

젊었을 때 개인 스포츠를 하나쯤은 배워두어라. 팀 스포츠는 재밌지만, 너희가 프로 선수이거나 뛰어난 아마추어가 아니면 학교를 떠나는 순간부터 재미와 횟수가 줄어들기 시작할 것이다. 하지만 개인 스포츠, 테니스와 골프, 배드민턴, 심지어 크리켓은 평생 동안 계속할 수 있고, 운동과 우정을 동시에 도모할 수 있는 특별한 수단이 될 수 있다. 나는 너무 늦게 테니스를 배운데다 나쁜 습관이 들어 잘 치지 못했다. 후회막급이다.

일기를 써라. 기원후 2세기에 살았던 위대한 로마 황제 마르쿠스 아우렐리우스는 일기에 하루하루 어떤 일을 했는지 기록하는 데 그치지 않고 그 일로부터 무엇을 배웠고, 미래에 닥칠 문제에 어떻게 대비했는지를 썼다. 그는

그런 기록을 '명상'이라 칭했다. 너희에게 그 책을 틈나는 대로 읽어보라고 강력히 권하고 싶다. 더 중요한 것은 그를 모방하는 것이다. 나는 내 생각을 정리하기 위해서라도 일기를 써야 한다는 걸 오래전에 깨달았다. 일주일에 한 번씩 무엇을 하였고 무엇을 더 잘할 수 있는지 돌이켜보면, 요컨대 너희 생각을 정리하는 기회를 갖는다면, 일과 삶에서 적절한 우선순위를 결정하는 능력이 크게 향상될 것이다. 로마 황제에게 효과가 있었으니 너희에게도 효과가 있지 않을까.

사랑에 빠져보아라. 자신보다 다른 사람을 더 좋아할 수 있다는 걸 알게 되는 것은 경이로운 경험이다. 다른 사람을 위해 몸과 마음을 바쳐 헌신할 때 너희는 어떤 평범한 기쁨보다 깊은 충만감을 느낄 수 있을 것이다. 사랑은 몇 번이고 할 수 있다. 나도 그랬다. 첫사랑이나 두 번째 사랑, 심지어 누군가와 반드시 결혼할 필요는 없지만, 내가 앞에서도 말했듯이 결혼은 유대감과 사랑을 더욱 돈독히 해준다. 섹스를 말하는 게 아니다. 욕정이 때로는 매혹적으로 보일 수 있지만 성욕은 사랑이 아니다. 둘을 혼동하지 않기를 바란다. 욕정 때문에 결혼하지는 마라.

아리스토텔레스가 강조한 미덕들을 기억해라. 너희가 믿는 게 무엇이든 간에 너희 믿음을 굳건히 지키고 싶다면 특히 용기라는 미덕을 기억해라. 그러나 용기가 지나치면 오만이 된다는 그의 황금률도 잊지 않기를 바란다.

요즘 고용주들은 기술적 역량보다 품성을 갖춘 사람을 구한다. 기술은 가르칠 수 있지만 품성은 선천적인 것에 가깝다고 생각하기 때문이다. 내가 알기에 아리스토텔레스가 제시한 미덕들은 품성을 가장 훌륭하게 정의한 것이다.

이제 너희를 비롯해 이 편지들을 읽은 모든 사람에게 작별 인사를 해야겠다.

부디 충만하고 보람있는 삶을 즐겁게 살기 바란다. 그리고 이 땅을 떠날 때 미처 하지 못한 것이 있어 후회하지 않기를 바란다.

충만하고 보람있는 삶을 즐겁게 살기 바란다.

그리고 이 땅을 떠날 때

미처 하지 못한 것이 있어

후회하지 않기를 바란다.

✉ 감사의 글

스물한 통의 편지를 엮으며

책을 쓰는 것과 그 원고를 출판하는 것은 전혀 별개의 일이다. 내 대리인 토비 먼디의 은근한 제안에 책을 쓰겠다는 의욕이 샘솟았고, 펭귄랜덤하우스의 편집자 나이절 윌콕슨의 창의적인 눈과 섬세한 관리, 그리고 끝없는 관심이 더해진 덕분에 한 권의 책이 완성되었다. 그 두 사람이 한없이 고마울 따름이다. 물론 무대 뒤에서 그들을 도운 많은 사람에게 고맙다는 말을 전하고 싶다.

이 책이 마무리되기 전 아내 엘리자베스가 세상을 떠났다. 하지만 그녀가 생전에 용기를 북돋워준 덕분에 이 책을 완결할 수 있었다. 그녀의 생각과 가치관이 이 편지들에 스며들어 있다. 그녀가 내 삶과 생각에 미친 영향이 깊고도 깊어, 그 한없는 고마움은 죽을 때까지 갚지 못할 것이다.

과거가 현재와 미래를 살아갈 이들에게

 과거를 살았던 나이 든 사람이 '꼰대'라는 말을 듣지 않으며 신세대에게 어떤 조언을 할 수 있을까? 과거의 삶이 옳았다고 고집하지 않고, 신세대의 삶을 비도덕적이라 나무라지 않고 있는 그대로 인정하며, 과거의 경험에서 얻은 지혜를 새로운 시대에 적용하는 융통성을 발휘할 때 '꼰대'의 범주에서 벗어날 수 있다면, 찰스 핸디가 그 표본을 여실히 보여주었다.

 찰스 핸디는 말단 사원에서 경영진까지 기업에서 일했고, 그 후에는 경영대학원 교수로 젊은 학생들을 가르쳤으며, 2000년 이후에는 가장 영향력 있는 경영사상가 50인에 계속 선정되었다. 또 경영학을 넘어 다양한 분야에서 지금까지 20종이 넘는 책을 발표한 성공한 작가이기도 하

다. 이 책에 소개된 스물한 편의 편지는 원래 손주를 위해 쓴 것이지만, 그들의 세대 전체에게로 확대한 것이다. 따라서 어떤 강요도 없고, 자신의 의견이 옳다는 아집도 없다. 그저 손주 세대를 향한 사랑과 안타까움이 묻어나는 편지들이다.

찰스 핸디는 '좋은 게 좋은 것'이라 생각하지 않는다. 젊은 세대를 감상적으로 다독거리고 위안하지 않는다. 그렇다고 그들이 과거에 비해 부도덕하거나 나태하다고 나무라지도 않는다. 그런 위안과 나무람은 그의 세대가 젊은 세대보다 낫다는 전제가 깔린 것이다. 오히려 핸디는 오만하지 않고 겸손하다. 전적으로 자신의 경험과 현실에 대한 냉철한 분석에 바탕을 둔다. 따라서 그의 조언은 아프기도 하다. 거듭 말하지만, 감상적으로 다독거리지 않는다. 현실을 냉정하게 직시하며, 불확실성으로 가득한 세계에서 어떻게 목표를 설정하고, 어떻게 살아가야 하는지를 현실감 있게 조언한다.

에른스트 슈마허의 책 《작은 것이 아름답다》를 언급하며, 작은 것이 좋은 이유를 설명하는 조언도 설득력 있게 와닿는다. 특히 이 조언은 내가 좋아했지만 이제는 고인이

된 목사를 기억에 떠올려주었다. 교회 신도는 200명이 한계라 생각하며, 그 숫자를 넘기면 교회를 다른 목사에게 넘기고, 다시 개척을 시작한 목사였다. 찰스 핸디가 젊은 세대에게 알려주는 조직론도 크게 다르지 않다.

번역하는 과정에서 가장 인상 깊었던 문장 하나를 골라 본다. "정부의 가장 큰 의무는 우리 앞에 무엇이 있는지 거짓 없이 조언하는 것이지, 위험이 없는 미래를 거짓으로 약속하는 게 아니다." 정직하라는 말이다. 일시적인 위로는 마약과 같아, 궁극적으로 아무런 도움이 되지 않는다.

또 개인적으로 가장 추천하고 싶은 편지는 열세 번째 편지다. 반드시 읽어보기 바란다. 의학의 발달로 장수할 수밖에 없는 삶을 어떻게 조직해야 하는가를 알려주는 편지다.

충주에서
강주헌

옮긴이 **강주헌**

한국외국어대학교 불어과를 졸업하고, 동대학원에서 석사 및 박사학위를 받았다. 프랑스 브장
송대학교에서 수학한 후 한국외국어대학교와 건국대학교 등에서 언어학을 강의했으며, 뛰어
난 영어와 불어 번역으로 2003년 '올해의 출판인 특별상'을 수상했다.
옮긴 책으로《숫자는 어떻게 진실을 말하는가》《대변동》《12가지 인생의 법칙》《촘스키, 누가
무엇으로 세상을 지배하는가》《습관의 힘》《문명의 붕괴》등 100여 권이 있으며, 지은 책으로
《기획에는 국경도 없다》《번역은 내 운명》(공저) 등이 있다.

삶이 던지는 질문은 언제나 같다
시대의 지성 찰스 핸디가 전하는 삶의 철학

초판 1쇄 2022년 1월 20일
초판 6쇄 2023년 5월 25일

지은이 | 찰스 핸디
옮긴이 | 강주헌

발행인 | 문태진
본부장 | 서금선
편집 1팀 | 한성수 송현경 유진영

기획편집팀 | 임은선 임선아 허문선 최지인 이준환 이보람 이은지 장서원 원지연
마케팅팀 | 김동준 이재성 박병국 문무현 김윤희 김은지 김혜민 이지현 조용환
디자인팀 | 김현철 손성규 저작권팀 | 정선주
경영지원팀 | 노강희 윤현성 정헌준 조샘 조희연 김기현 이하늘
강연팀 | 장진항 조은빛 강유정 신유리 김수연 서민지

펴낸곳 | ㈜인플루엔셜
출판신고 | 2012년 5월 18일 제300-2012-1043호
주소 | (06619) 서울특별시 서초구 서초대로 398 BnK디지털타워 11층
전화 | 02)720-1034(기획편집) 02)720-1024(마케팅) 02)720-1042(강연섭외)
팩스 | 02)720-1043 전자우편 | books@influential.co.kr
홈페이지 | www.influential.co.kr

한국어판 출판권 ⓒ ㈜인플루엔셜, 2022

ISBN 979-11-6834-010-7 (03100)